说真话讲科学

凭良心为孩子

[illegible]小敏书

甄岳来
李忠忱
著

孤独症社会融合教育

中国妇女出版社

图书在版编目（CIP）数据

孤独症社会融合教育 / 甄岳来，李忠忱著．-- 北京：中国妇女出版社，2022.6（2024.8 重印）
ISBN 978-7-5127-2103-6

Ⅰ.①孤… Ⅱ.①甄… ②李… Ⅲ.①孤独症－儿童教育－社会教育 Ⅳ.①G766

中国版本图书馆CIP数据核字（2022）第008404号

责任编辑：李一之
封面设计：李 甦
封面供图：视觉中国
责任印制：李志国

出版发行：中国妇女出版社
地　　址：北京市东城区史家胡同甲24号　　邮政编码：100010
电　　话：（010）65133160（发行部）　　65133161（邮购）
邮　　箱：zgfncbs@womenbooks.cn
法律顾问：北京市道可特律师事务所
经　　销：各地新华书店
印　　刷：北京通州皇家印刷厂

开　　本：165mm×235mm　1/16
印　　张：14
字　　数：230千字
版　　次：2022年6月第1版　　2024年8月第3次印刷
定　　价：59.80元

前言

PREFACE

治人生的“病”，还是“治”生病的“人”

读者朋友：

大家好！

《孤独症儿童社会性教育指南》与《孤独症社会融合教育》由中国妇女出版社分别于2008年、2010年出版，读者数量一直以来在同类书籍中位居前列。那么，2022年为什么要对这两本书进行修订呢？本次修订对原书做了哪些重要的修改、调整和补充呢？修订后的新书，有哪些特点呢？

一、修订本书的原因

孤独症的诊断与康复已经跨越了两个世纪，它对人类生命质量的威胁恐怕不是短时间能够终结的。孤独症康复的真相到底在哪里？我们一直以来的思维惯性就是满世界去寻找方法，渴望用“灵丹妙法”去治孩子生的“病”，特别是确诊之初的几年，更是如此。抱着急功近利的心态，在“治病”这条路上，多少家长越走越远，甚至梦想着“6岁痊愈”的人造神话……

然而，总结几十年来中国几代家长前赴后继、不屈不挠地与孤独症抗争的经验与教训，无论过去还是现在，已经有越来越多的家长最终明白了一个真相——孤独症康复的出路，不在于竭尽全力、倾家荡产地去治人生的“病”，而在于以人为本、实事求是地教生病的“人”、救不幸的家！“方法”重在针对孩子患的“孤独症”，而“社会性教育”则重在拯救患孤独症的“孩子”，拯救承载着孤独症灾难的家庭！

在“幻想—破碎—再幻想—再破碎”的轮回中，日渐觉醒的孤独症康复行业，已经有越来越多的家长和教师看清了康复的真相，进而扭转了孤独症康复的思考方向。修订本书正是为了满足更多的家长、教师从中获得社会性康复教育指导的需要。

近十年来，社会性教育自身也在不断地填补着一个个空白。例如：在历史基础上，社会性康复教育完成了从目标、内容、途径、场所到方法的体系构建；经过“社会性教育实验基地”的研究探索，社会性教育创建了“机构社会融合教育操作”的课程模式；十年间的个案积累，家庭社会性康复教育线上、线下一对一入户评估、方案制订及操作指导日臻成熟；为机构社会性教育课程构建、课程改革服务，“现场／网络一对一社会性教育课程执行督导”试验成功；极具挑战的适应大龄孤独症学生的生活功能课程及社会融合课程的教学已经初具规模……通过修订，补充社会性教育研究与实践的新进展，将更有助于读者学习、实践社会性教育的落地操作。

继第一代、第二代家长之后，近十年来，第三代孤独症家长几乎都曾热衷追随孤独症康复的“国际化时尚”，幻想用外来的方法治好自己孩子生的“病”。他们多方尝试之后，最终与社会性教育结缘，学会了用社会性去教生病的“孩子”，这才让更多家庭的孤独症康复之路越走越亮、越走越宽。越来越多的家长从此扭转了康复的思考方向，他们中每个家长、每个家庭的历程与收获无不感人至深，对后来者启迪深刻。修订本书，只为启发更多的家长，如果您跟着“方法”走到山穷水尽之时，不要忘记“社会性教育”会让您转向柳暗花明之路。

又十年过去了，作者本人也在平凡中续写着自己不平凡的人生故事。年过花甲，与十年前相比，沉淀下来的孤独症康复思想更为丰富、更为深厚、更为精准、更为凝重。修订本书是为了让读者在孤独症康复的江湖之中，再度确认“说真话，讲科学，凭良心，为孩子”的社会性康复教育的价值观。其实，何止如此，这一价值观更应该被中国孤独症康复行业确认！

二、本书做出的重要调整和补充

原书出版至今，参考读者应用该书反馈的问题，为了让新老读者都能从再版书中大获裨益，本次修订，作者对原书的结构进行了大幅度的调整，另外，增加了全新的完整章节，并对整书的内容逐字逐句进行了全面复审，补充、修正之处不计其数。我们力争让本书内容既科学、严谨，又通俗、易懂，目的是让该书更好地起到指导家长、教师实施社会性教育操作的作用。

第一，重要的结构调整：“理论顶天，操作立地”，自上而下，为读者呈现结构化、系列化的社会性教育操作体系。

为了更准确地体现原《孤独症儿童社会性教育指南》与《孤独症社会融合教育》两本书内容间的内在逻辑，为了使读者能够更完整、更精准地理解社会性教育的理念与操作之间的关系，也为了更方便读者阅读使用，本次修订将原来的两本书进行了结构重组，分为《孤独症儿童社会性教育指南》《孤独症社会融合教育》《孤独症社会融合教育操作指导》。修订还将原书中有些重复的内容进行了整合，例如，对原两本书中都有的学校融合的章节进行了合并、重组，内容更充实，结构更合理。调整后，每本书的主要问题更加集中，且每本书都为社会性教育不可或缺的重要组成部分。

第二，最新的成果补充：机构应该教什么？家长应该如何为孩子选择机构？为读者开阔眼界，拓展思路。

康复之初，每个孩子都要经历“选机构—上机构—换机构”的周折，甚至为此还要离开故土，远走他乡。机构承载着家庭的如此重托，那么，为了孤独症孩子的康复，机构到底应该教什么、让孩子练什么呢？我们在《孤独症社会融合教育操作指导》中新增了“机构康复篇”一章内容，用墨近 5 万字，向读者呈现了“社会性教育实验基地”经十年探索而构建的“机构社会融合教育操作”的课程体系，详解了机构社会融合教育课程的结构、内容、特点、操作方法等，一方面为家长选择机构开阔了思路，另一方面也为新生机构的社会性教育课程构建、为传统机构的社会性教育课程改革提供了参考和借鉴。这是对原书的一个重要补充。

第三，重要内容再充实：自我意识是什么？自我意识在哪里？自我意识怎么教？教读者知难而进，迎难而上。

虽然还有很多执迷形式训练、沉醉“求法治病”的家长和教师对于自我意识的教育还处在空白点、零起点上，但大部分家长、教师已经意识到解决孤独症孩子“内在自我意识滞后的问题”才是康复的致命点、关键点。然而，大部分家长、教师还找不准自我意识教育的切入点、着眼点，更不会调节自我意识教育的提升点、开阔点，在教育教学中，又苦于看不到教育操作的着陆点、把握点……鉴于此，本次修订着力充实了与自我意识培养相关的内容，不仅如此，修订后，在《孤独症儿童社会性教育指南》与《孤独症社会融合教育》两本书中，都有自我意识教育的专门章节，其深度、宽度、角度又各有不同。在国内孤独症康复教育的专业书籍中，本书是涉及自我意识教育思路、教学操作最多的，其深刻性、逻辑性、专业性、实用性更是独一无二。

第四，全书内容再提炼：概念更加精准，论述更加深刻，举例更加实用，操作更加具体，行文更加简练，让读者读得懂。

心中装着孩子，眼睛看着家长，脑子想着老师——怎样让本书真正成为中国家长、中国特教老师的“康复指南”和“操作指导”，作者在修订本书时，给自己定下了“简练但不失精准，深刻但不失实用，理性但不失具体，严谨但不失通俗”的原则，全书中文书写，读者老少皆懂。

三、本书的与众不同之处

由国内外康复训练专家、特教老师、孤独症家长等出版的有关孤独症康复训练的书籍，其数量数不胜数，再加上网络媒体的各类专业文章，真可谓浩如烟海。那么，本书与众不同之处在哪里呢？

第一，中国的家长、中国的老师，书写中国孤独症康复教育的大文章。20 世纪 80 年代，当时“孤独症”无论在中国医疗领域还是教育领域，都鲜为人知。在没有任何资讯、任何前人经验和现成理论、方法可以参照的情况下，作者就开始应用社会性教育，帮助一代又一代的中国孤独症儿童完成了普校义务教育、高中职业教育，还有的孩子大学毕业后成功就业，甚至拥有了为人妻、为人母的人生体验。在社会性教育下取得成功的孩子，其社会性康复效果不仅在中国，在世界上也位于前列。一个又一个社会性康复教育经典个案被几代家长、特教老师们誉为康复传奇，而缔造这一传奇的不是别人，正是中国的家长，正是中国的社会性康复教育！

本书中奉献给读者的机构社会融合教育操作课程并非舶来，也非模仿，它是生在中国、长在中国的孤独症康复机构的教师们在追随主流、崇尚方法、大做形式训练，但看到孩子的社会融合之路却依然步履维艰的现实落差之后，开始独立思考、勇敢批判、实事求是、大胆尝试、率先创新与改革机构康复训练的结果。

他们立足机构教学，面向社会融合，清醒地定位了孤独症康复机构的目标——帮助孩子减少社会融合困难。为此，他们以支持孩子融入社会必需的社会功能培养为最重要的教学内容，终于让机构走出了机械刻板、脱离生活功能、远离社会融合的形式训练的泥潭。机构社会融合教育操作课程终于理顺了训练方法、教学内容、教学途径、康复目标之间的逻辑关系，是距离解决孤独症的核心障碍最近的机构康复教育课程，因而，没有什么比“社会融合教育”更加不负“孤独症康复机构”之名。而创建机构社会融合教育操作课程的，不是别人，正是中国的孤独症康复教师，是中国特教老师们书写了机构社会融合教育的大文章！他们是：

李蕊与北京市展望儿童关爱中心全体教师；

杜华容与四川广元小海龟特殊教育培训中心全体教师；

罗丽英与厦门市星宝贝儿童启智中心全体教师；

朱雪萍与淮安与光同行自闭症儿童康复中心全体教师；

朱莉与天津市助梦关爱中心全体教师。

第二，治不好人生的“病”，就“治”生病的“人”，社会性教育回归辩证逻辑大思维。

孤独症是一种病，“有了病，就得治病，病治好了，才能救孩子，才算救孩子”。自古以来，治病救人天经地义，这个逻辑主导了孤独症康复的思路长达几十年，直到今天，寻治病的妙药、找治病的方法，在一些家长心中仍然根深蒂固。多少家长、多少家庭，虽然表面上看似乎也在做着“教育训练”，但在潜意识中总是压不住“治病”的急切与冲动。说到教育训练，很多家长之所以热衷于“操作方法”，那是因为在潜意识里仍然以为、仍然期待着它有神奇的“疗效”，这就是多少年来孤独症康复“以方法为中心”的思维基础。但不幸的是，一个又一个的家庭，就是在这条“治病”的路上，半途而废，折戟沉沙……

社会性康复教育与众不同在哪里呢？

如果当下治人生的“病”这条路走不通，那么，我们该做什么、我们能做什么、我们又做了什么，对孤独症的康复才是最为有效的付出呢？正是在回归辩证法的大逻辑中，社会性教育突破了业内习以为常的惯性思维，将大多数人以为的“先治好了病，然后孩子就什么都会了”转变为“社会功能教会了，孩子的病也就好了”。社会性教育这一康复方向的调整，“以目标为中心，让方法为目标服务”这一康复思路的确立，其基础就是辩证法的大逻辑。

值得欣慰的是，“治”生病的“人”，其实，这已经不仅仅是社会性教育的主张，中国南北方孤独症诊断著名医疗机构的知名专家们、一线医生们，在孤独症康复的第一道战线上，就已经给出了“依靠社会环境支持，开发家庭教育资源，提升机构康复质量”的多维度合力的康复构架。同时，他们更是一针见血地提出了“从促进孤独症孩子社会融合效果的角度，来确立康复质量的评价标准”这一宝贵观点。由此可见，医生们为孤独症儿童开出的康复“处方”，与社会性——社会融合教育殊途同归、异曲同工。

“治”生病的“人”，除了方法和技术，更要靠教育，还要重文化，这就是我们开发《孤独症儿童社会性教育指南》《孤独症社会融合教育》及《孤独症社会融合教育操作指导》系列指导书的原因。

四、特别致谢

本次再版，得到了甄老师工作室高级培训师韦玉翠、李蕊、杜华容三位老师的大力支持，他们参与并承担了如下重要章节的写作、修订、编审工作。

韦玉翠老师：《孤独症社会融合教育操作指导》的“家庭教育篇”“普幼融合篇”“机构康复篇”。

李蕊老师：《孤独症社会融合教育操作指导》的“机构康复篇”“普校就读篇”。

杜华容老师：《孤独症社会融合教育操作指导》的“家庭教育篇”“机构康复篇”。

五、再过十年……

再过十年，假如孤独症孩子依然层出不穷，那么，我们希望，每个家长、每个家庭都能在第一时间知晓孤独症的真相。

再过十年，假如孤独症之病依然无药可治，那么，我们希望，每个家长、每个家庭都能在第一时间了解孤独症康复的真相。

再过十年，假如机构依然可以帮助孤独症孩子康复，那么，我们希望，每个机构、每个老师都能知道只有社会性、社会功能的培养，才能给孩子融入社会、与世相处的力量。

再过十年，假如越来越多的孤独症孩子走进特殊学校，那么，我们希望，每个学校、每个老师都能让校园里的每个角落成为孤独症学生社会性教育的课堂。

再过十年，假如更多的普通学校接纳了孤独症学生，那么，我们希望，每个孩子在每个教室里、每张课桌上，都能被社会性教育的阳光照亮。

当然，我们更希望，再过十年，医学能够破解孤独症之谜，运用相应技术与方法治愈孤独症，还给孩子永远的健康！

愿疾病的错误密码都能被修正，让人间再无孤独症，为此，我们祈祷着！

甄岳来

2022年4月

目录

CONTENTS

第二章

谁为康复导航

——探究康复目标的价值

第五章

孤独症社会融合教育操作指导

——自我意识篇（下）

第六章

孤独症社会融合教育操作指导

——性教育篇

第一章

“揭晓谜底

——还原孤独症康复的真相

自20世纪80年代起，中国开始了对孤独症诊断和康复的探索。我们对孤独症的认识从一无所知起步，历经30多年之后，今天，我们终于填补了当年面对“孤独症”时头脑中的一片茫然。30多年，中国孤独症儿童的父母用自己的眼泪和艰辛，为孩子铺就着走向康复的道路，在悲伤与绝望、期待和梦想交织的岁月中，一代孤独症儿童已经长大成人。“孤独症孩子能够康复吗？”这是30多年前，我们对医生的发问。30多年后，回答这个问题的不是别人，正是今天已经长大的孤独症孩子。这是我们自己用30多年的时间换来的奋斗结果。现在和将来，不知还有多少父母会问着同样的问题：“孤独症孩子能够康复吗？”

什么是孤独症的“康复”

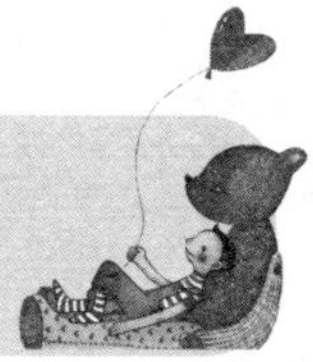

曾有多少父母，带着医生的一纸诊断书，领着孩子走上了康复训练的道路。从此，“康复”两个字便成了我们心中的期待与渴望，成了梦寐以求的目标。就是这两个字，激励过多少父母倾其所有、抛家舍业、离乡背井而义无反顾；就是这两个字，支撑着多少父母于无数次的失败与挫折之中，百折不挠，坚忍不拔；也是这两个字，又让多少父母不自觉地陷入与别人孩子的攀比之中，内心由此而体验着满足与失落的交替、信心与自卑的跌宕；还是这两个字，让多少父母因为无望而于半途之中停止了训练孩子的脚步，最终只剩下在“康复”面前绝望与无奈的叹息……

“康复”，让我们那么神往，也让我们如此迷失的两个字！孤独症能够康复吗？在追寻康复的努力中，我们陷入这样的矛盾：假如孤独症能够康复，那么，为什么我们如此全力以赴、奋不顾身，却总是距离我们心目中的“康复”如此遥远呢？假如孤独症不能康复，又为什么有如此众多的父母会前赴后继地加入浩浩荡荡的康复训练的行列呢？

什么是“康复”？众所周知，因为一些先天遗传或者后天疾病与创伤所致，人会丧失一些原本应该具有的功能，或者使一些功能产生障碍，比如，视听能力丧失，运动功能下降，消化、呼吸受阻，代谢程序紊乱，语言、思维异常，等等。人们要通过药物、器械、治疗、训练等手段，排除障碍，从而使人失去的功能获得恢复，使具有障碍的功能得到改善，这就是康复。“康复”主要是指受损的、丧失的功能获得显著的改善和恢复，它既指恢复和改善功能的“康复过程”，也指功能的“恢复状态”与功能的“改善程度”。

孤独症损伤了孩子的什么功能？从根本上说，孤独症患者失去的是人的社会功能，这就给他们在现实生活中理解、把握、协调人与人之间的相互关系造成了极大的困难。极其严重的孤独症患者，甚至终生都不能解读人与人之间的交往规则，不能理解人所特有的高级情感。恰是这一障碍的存在，使孩子失去了融入社会的适应能力，使他们游离于普通人群之外，自囚、被囚于“社会孤岛”之中。

那么，孤独症“康复”的含义又是什么呢？显然，孤独症康复不同于其他任何人体生理功能的康复，它针对的是孤独症患者的社会性发展障碍，针对的是他们的社会适应功能的丧失，针对的是他们的人际沟通能力的异常。

孤独症康复是指使孤独症患者的社会功能获得恢复与改善的过程；孤独症康复是指孤独症患者的社会功能获得恢复与改善的状态与程度；孤独症康复是指孤独症患者的社会功能获得显著改善和恢复以后，他们能够融入社会的程度。孤独症康复是名副其实的“社会功能康复”，恢复的是孤独症患者的社会性。

孤独症能够康复吗？这一追问无可置疑地应该变成：社会性发展障碍能够获得康复吗？

孤独症康复的评价标准

孤独症康复道路艰辛无比，充满了对父母智慧和毅力的考验。在无数次希望、失望、绝望的起起落落中，我们不停地寻找着康复的榜样，每看到、听到一个成功个案，总能让自己再一次扬起希望的风帆。然而，每一次的挫败，也会让我们不断地问自己："我的孩子能够康复吗？我的孩子长大以后是什么样呢？"

中国第一代孤独症儿童已经成年，在历经了30多年的康复教育以后，他们的现状已经向我们展示了孤独症患者社会功能康复潜能实现的不同结果、不同状态和不同程度。他们中有的能够以一个社会人的角色走向自立或基本自立，最终建立了与社会群体之间的融合关系，其社会功能获得了良好的康复；有的虽然不能实现自立，但是他们能够自主计划、自主安排日常家庭生活，能够独立出入社会公共场所，与自己的家庭成员、有交集的社会人群之间表现出良性相处的平行关系，社会功能获得了较好的康复；还有的虽然不具备独立从事简单社会活动（外出购物、就餐、理发等）的能力，但是做到了家庭生活自理，他们能够独自安全居家，能够自我服务，不再需要他人不间断陪护，实现了基本康复。当然，他们中也有的只获得了社会功能的部分改善，其障碍程度有所减轻，但是仍然不能独自居家，没有基本的生活自理能力，仍然需要他人的全时段看护。而更为严重的成年孤独症患者，排斥他人，远离社会，具有自伤、攻击、破坏行为，成了家庭、社会的沉重负担。

这是一群起步于中国孤独症康复拓荒时代的孩子，这是在全社会孤独症康复教育的理念、信息、方法、手段都很缺乏的情况下成长起来的一代孤独症患者。不可忽视，他们的“康复”有着明显的时代特点——康复理念充满争议，康复环境极端不良，康复道路艰难曲折，康复方法杂乱无章。即便如此，让我们备受鼓舞的是：相当一部分孤独症孩子的社会功能障碍得到了很大程度的改善，更有一部分孩子不同程度地融入了社会生活，他们的状况已经不再符合孤独症的诊断标准。虽然我们还不能统计出现有成年孤独症患者社会功能康复达到各种不同程度人数的精确比例，但是，30 多年来我们证明了“融入社会”——实现这一孤独症康复的最终目标，不仅是可能的，而且是现实存在的。

我们呕心沥血、苦苦追寻的康复目标到底是什么样呢？根据国内成年孤独症患者的康复现状，根据国外有关成年孤独症患者的康复案例和相关资料，根据我们自身 30 多年来对孤独症康复教育的理论探索与实践成效，针对孤独症患者社会功能康复的独特性，我们探索性地提出了三个不同层次的“孤独症社会功能康复目标”。这三个层次的康复目标由低到高分别为：家庭生活自理，社会生活自理，社会生活自立（见下图）。

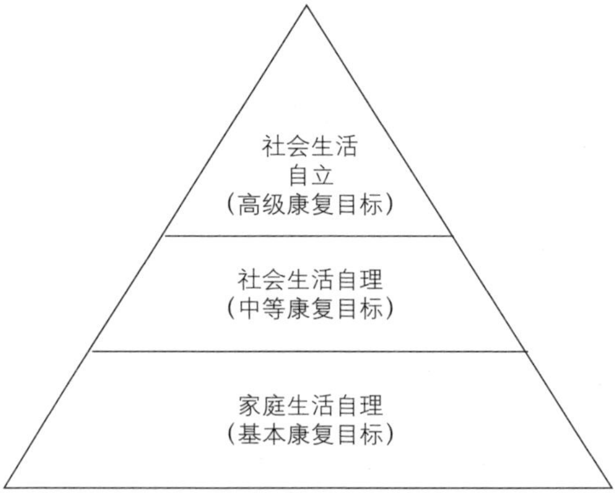

图 1　孤独症社会功能康复目标

家庭生活自理为基本康复状态，以孤独症患者进入青年期以后在家庭生活中不再需要专人看护而实现生活自理为标志。他们能够理解家庭成员之间的关系，能够担当自己在家庭中的角色，能够从事家庭生活中必要的家务劳动。虽然不能够独立外出，但他们有了在家庭这个社会细胞中生活自理的能力和与家庭成员之间的基本沟通能力。

社会生活自理为较好的康复状态，以孤独症患者成年以后能够独立走出家门、独立进行与日常生活有关的工具性交往活动为主要标志。他们具有对社会生活的一般理解能力，具有参与社会生活需要的一般的行为能力，虽然不能独立参加社会工作，但他们能够在社会活动中和自己周围的人平行相处。

社会生活自立是孤独症患者最好的康复状态，成年以后，他们的综合社会功能在正常范围内，以独立就业、自食其力为主要标志。他们具有对生活的理解能力，具有基本正常的自我意识，具有自主解决一般问题的能力，生活和工作的常规性问题基本不再需要辅助。他们能够被社会群体接纳，能够建立与他人的相融关系。

如何确定一个孤独症孩子最终达到了哪个层次的康复目标呢？我们从社会角色承担、社会活动与行为规范、自我意识、人际关系、语言应用、情绪情感、生活自理、智力水平与教育程度 8 个方面，提出康复程度评价的参考标准。

○ 家庭生活自理评价标准

社会角色承担

● 在自己与家人、亲属之间，知道自己的家庭社会角色。

● 走亲访友时，知道自己作为客人的社会角色，行为举止符合自己的角色规范。

● 知道自己的性别角色，穿衣服、上厕所等符合性别要求。

● 与异性接触时没有不当行为。

社会活动与行为规范

● 在看护人的带领下，能去商场、餐馆、影院、医院、公园等公共场所活动。

- 在出现怪异的言行举止时，经看护人的提示、辅助，能有效控制。
- 认识钱币，在看护人辅助下，能进行简单的购物。
- 能独立在自己居住的小区内活动，能从小区内独自回家。
- 能辨别、回避环境中的危险，不随便跟陌生人走。
- 在别人提示下，能进行简单的行为模仿。
- 自己偶尔有轻度的刻板、重复动作，经提示后能自己调节和纠正。
- 能识别场所、物品的图形标识和文字标识。
- 在别人的提示和安排下，独处时能做一些有意义的活动。

自我意识

● 能初步理解物品的所有权，知道不把自己的东西随便给别人。在看护人的提示下，在商场、超市等场所不随便拿取别人的东西。

● 能注意到别人对自己的态度，喜欢别人的表扬。

● 能简单懂得男女两性的区别，能按自己的性别上厕所，不在公共场所暴露身体隐私。

● 有基本的正确与错误的观念，对自己做错的事情有简单的认识能力，有初步的愧疚心理体验，能在提示下纠正错误。

● 懂得自己的着装、穿戴要整洁，能初步关注自己的外在形象。

人际关系

● 懂得自己的家人、熟人、陌生人的区别，在亲友家中懂得主人和客人的区别。亲友来访，能理解自己的主人身份。在看护人的提示下，能礼貌性地打招呼。

● 能与自己的家人进行工具性交往。

● 能理解直系亲属和自己的关系；能理解自己在家庭中的角色。

● 在与人交往时，能理解并接受别人的观点与自己不同。

● 一般情况下能与家人平行相处，没有无缘无故的攻击行为。

语言应用

● 能听懂常用的简单日常提问，能与他人进行简单的问答式对话。

● 能用常用的简单词汇、常用的简单句型表达自己的需求和想法。语音大体清楚。语言交流中有目光对视。

● 能向别人转述一个简单的信息。

● 能回应别人的呼叫。

● 能运用语言主动和家庭成员进行工具性交往。

● 能理解事件中的人物、时间、地点、结果等要素，能理解简单的因果关系。

情绪情感

● 在没有特别的挫折性刺激的情况下，情绪平稳。

● 能在别人的劝解下控制自己的情绪。

● 与父母建立情感依恋关系。

● 能用正确的方式表达自己生气、高兴等基本情绪。

生活自理

● 理解家庭生活常规内容和常规程序，在他人较少的辅助下，能够处理自己的饮食起居，例如，穿衣服、系鞋带、刷牙、洗脸、上厕所、洗澡等。

● 能独自正常睡眠。

● 懂得家务劳动的简单常识，具有从事日常家务劳动的技能，能按照家人的安排做简单家务，例如，擦桌子、扫地、叠被、铺床、洗碗、洗衣服、择菜、洗菜等。

● 具有居家安全常识，白天能独自安全居家。当自己独自在家时，不给陌生人开门。

● 知道回避家庭环境中的触电危险，燃气泄漏危险，高空坠落危险，利器伤害危险，烧伤、烫伤危险，化学品中毒危险等。遇到危险知道告知家人。

● 会正确使用生活中的常用电器、水电设施、家具、炊具、餐具、茶具和清扫用具等常用设备及常用工具。

● 会简单使用通信工具。

● 能在家里做简单的便餐，例如，会加工冷冻、方便食品等。

智力水平与教育程度

● 能在自己的认知范围内对物品进行分类。

● 能理解事物之间简单的因果关系。

● 在生活中能使用年、月、日、星期，昨天、今天、明天，分钟、小时等常用时间概念。能初步认识钟表。

● 在学习与做事时，经过别人提示，能维持有意注意 20 分钟以上。

● 经过辅助能接受普通小学教育，能在特殊学校接受中等义务教育。在数学、语文、科学常识等方面的知识经验能达到相当于普通小学中年级的水平。

● 智商测试在 55 ~ 70 分，属于轻度智力落后。

○ 社会生活自理评价标准

社会角色承担

● 能在亲友助力的“家族企业”中从事简单工作，或者能在具有辅助条件的单位从事简单的工作。

● 基本理解自己的工作程序，理解工作要求，有完成工作的劳动技能。

● 能获得少量的经济收入，知道领取、保管、支配自己的劳动收入。

● 懂得两性的生理区别和社会角色的区别。在与异性交往时，言行举止符合习俗规范。

● 在自己与家人、亲属的关系中，能理解自己的社会角色。

社会活动与行为规范

● 熟悉自己生活区域内的公共设施、自然环境、地理位置、道路交通、人群构成等，知道自己所属的行政区域。

● 对和自己日常生活有关联的社会服务机构的服务功能有常识性认识。

● 在公共场合没有明显怪异行为，能遵守社会公共场合中的行为规范。

● 在居住区域内，能独立地从事和自己日常生活密切相关的社会活动，比如商场购物、饭馆就餐、公园游玩、理发店理发等。

● 能正确使用常用的公共交通工具、正确使用通信工具。比如乘坐公共汽车、使用手机等。

● 能初步理解自己的行为与其他人的关系。

● 在处理问题时，能以别人的行为作为参照，会模仿他人做事的程序、方法。

● 独处休闲时能自己安排一些有意义的活动，比如弹琴、绘画、运动、玩电脑游戏等。

自我意识

● 知道属于自己及家庭的财物，知道父母的工作能够给家庭带来经济收入。

● 知道两性的生理区别，知道两性的行为区别，懂得和自己性别有关的社会习俗和行为规范，在异性面前没有不当的行为和语言。

● 会拿自己和别人进行比较，知道别人对自己的评价和态度，有一定的自尊心。

● 有获得表扬的愿望和期待，能够为此做出努力，获得表扬以后有喜悦感。

● 在日常工具性交往活动中，知道自己的社会角色，能履行自己的角色责任。

● 会简单地评价别人的外表和行为。

人际关系

- 理解亲人、熟人、陌生人的区别，能和家庭其他成员和平相处。
- 理解别人的爱好、需要与自己的不同。
- 理解别人明显的情绪变化。
- 对自己喜欢的人有主动交往愿望和交往行为。
- 在群体中能够从众。
- 能与日常生活相关的社会服务机构进行正常的工具性交往。

语言应用

- 在与别人对话时，基本上能主动维持对视。
- 说话基本上能让对方听清楚。
- 能使用语言表达自己的一些需要和感觉。能表达自己的看法，并能简单地表述理由。
- 能向他人转述一种情景、一个事件的主要要素。
- 说话的内容符合交谈的情景。
- 能正确回答别人的提问，问答基本顺畅。
- 说话时懂得看别人的态度，会根据别人的态度调整自己说话的内容。
- 能看懂公共场所的文字标识，比如商店牌匾、商品价签、街道标牌、交通标识等。

情绪情感

- 在一般情况下，情绪表现基本稳定，大幅度的起落变化较少。
- 闹情绪时，能够接受别人的劝解，能够实现一定程度的情绪自我控制。
- 能够移情，对家庭成员和关系密切的亲友有同情心和惦念之情。
- 在公共场合，情绪表达方式符合场合要求。

生活自理

- 理解家庭生活的常规内容和常规程序，能自行处理日常生活中的饮食起居，基本不需要他人辅助。

● 理解家务劳动的意义，懂得家务劳动的常识，具有从事一般常规家务劳动的能力，在家人有要求的情况下，能为家庭成员服务。

● 具有一般的居家安全常识，能独自安全居家，遇到水、火、电等危险时，有避险意识和避险常识。会使用公共救助电话。

● 会正确使用生活中的一般电器、基本设施、常用工具等。

● 会向社区服务机构交纳水电费用、物业费用等。

智力水平与教育程度

● 在自己的知识经验范围内，能进行概括分类。

● 理解常见事物之间的因果关系。

● 有简单的逻辑推理能力，会进行归纳推理和类比推理。

● 理解事物的主要、次要方面，理解事物的发展变化，能从两个角度考虑问题。

● 注意力基本接近普通人。

● 经过辅助，至少能完成普通小学的学业，具有基本相应的知识技能。

● 智商测试大约在 70 ～ 80 分，智力属于正常范围内偏低状态。

○ 社会生活自立评价标准

社会角色承担

● 对工作有期待，理解工作的意义，能在社会上从事简单工作。

● 理解自己在工作中的岗位职责，行为基本符合角色规范，有完成工作的劳动技能。

● 能正常处理工作环境中的上下级关系、同事关系、客户关系等。

● 全部或者部分解决自己的经济来源。理解工资报酬的作用，会计算、领取、保管、使用自己的工资。

● 懂得两性的生理区别和社会角色的区别。在与异性交往中，言行举止符合习俗规范。

● 懂得两性之间的恰当交往方式。对异性有爱慕和向往，对恋爱、婚姻有期待，知道如何承担在婚姻家庭中的角色。

社会活动与行为规范

● 具有初步的国家意识。知道自己所属的行政区域，知道自己所属的行业，知道自己所属的工作单位。

● 对和自己生活有关联的社会行业的社会活动具有常识性的认识。

● 理解和遵守经常涉足的社会公共场所中的社会行为规范，理解自己的行为和场合的关系，行为举止符合自己的身份。

● 能主动克服、控制自己的刻板化行为，在各种公共场合没有明显怪异行为。

● 能独立地从事各种常见的日常社会活动，比如商场购物、饭馆就餐、短途旅游、医院看病、银行存取款、观看文艺演出活动等。

● 在日常社会活动中，能正确乘坐公共交通工具、正确使用通信工具。

● 有健康的独处方式，比如运动、看书、散步、上网等。

● 能在所居住地区独自走亲访友。

自我意识

● 在财产所有权的理解上，懂得“我的”“我们家的”等所有权概念，有个人名誉概念。

● 能通过与别人的比较认识自己的特点，评价自己的长处和不足，关注别人对自己的评价和态度。

● 有自我形象意识，关注自己的容貌、关注自己的服饰，知道打扮自己。知道为了获得好的评价而努力改善自己的行为举止。

● 有符合社会文化规范的是非观念和道德观念。有自己的生活态度。

● 在学习和工作上有一定的上进心，有具体的努力目标。

● 有荣誉感、耻辱感、自豪感、自卑感。

人际关系

● 在与亲戚、亲友、同学、同事、邻里的交往中，理解其中人际关系的远近亲疏。知道在各种关系中自己的角色行为和角色责任。

● 理解不同人对待同样一件事情，可能会有不同的立场和态度。理解别人的情绪、情感。

● 在与人交往中，能根据别人的表情、语言、动作等判断对方的感受、态度、观点，并以此作为参照，来调节自己与对方的交往语言和交往行为。

● 参与群体的社会活动时有从众行为。

● 有主动交往的行为，能与经常来往和兴趣相近的同伴建立初步的友谊，能通过语言、行为等维护同伴交往关系，懂得物质和情感交流上的礼尚往来。

● 能理解开玩笑。

语言应用

● 与人对话交谈时，有正常的目光交流。

● 能做到句法正确、语音清楚、语调正常。

● 能表达自己的心理感受，表达自己的观点和态度，并能表述理由。

● 能明白地向人转述一种情景、一种观点、一个事件。

● 说话符合自己的身份、符合情景，表达基本得体。

● 能和别人讨论共同的话题，在讨论中能注意到别人的不同观点和感受。

● 能阅读一般的生活书刊和生活中常见的应用文，会写生活中常用的应用文。

● 初步理解语言的情景意义，例如，能浅显地理解双关语、反语、暗示语等。

情绪情感

● 在一般情况下，情绪表现稳定，焦虑水平适中。

● 在偶尔闹情绪时，能接受别人的劝解。

● 能实现一定程度的情绪自我控制，情绪表达方式基本符合社会要求。

● 具有各种高级情绪体验，如自豪、自信、幸福、自卑、愧疚、嫉妒等。

● 理解别人的快乐和痛苦，也能将自己的心情、情感告知自己信任、喜欢的人，有情感分享行为。

● 能够移情，对与自己关系密切的家庭成员、同伴等，表现出思念、同情、担忧。

● 有道德感、美感，理解浅显的幽默。

生活自理能力

● 具有自我服务能力，能自己动手解决日常生活需要。

● 自己没有能力直接解决的问题，能请求别人给予帮助，比如修理门窗、电器等。

● 能自主安排饮食起居，会管理自己的日常生活物品，能完成物品的整理、洗涤、收储等。

● 会做常规的家务劳动，有服务家庭成员的能力。会使用家庭生活中的各种电器、家具、锁具等居家工具。

● 会计算、交纳因为居住产生的各种费用。

● 能安全居家，知道居家的安全常识，会使用公共救助电话。

智力水平和教育程度

● 有一般的抽象概括能力，在自己熟悉的知识领域能概括事物的本质特征。

● 认识事物之间的内在关系，理解“一因多果”和“一果多因”的关系。

● 有简单的逻辑推理能力，会进行演绎推理、归纳推理和类比推理。

● 理解事物的主要、次要方面，理解事物的发展变化，能从两个角度考虑问题，理解动机和效果的关系，理解主观和客观的区别等。

● 能完整看懂影视剧。

- 在学习和工作时，能较长时间集中注意力，接近普通人。
- 经过辅助，能在普通学校完成义务教育课程，能接受中等职业教育，具有基本相应的知识技能。
- 智商测试大约在 80 分以上。

特别说明：

第一，三个层次康复目标的评价指标，都以孤独症患者的社会功能改善程度为核心。

第二，高级别康复目标的评价指标，包含了下一层康复目标评价的所有内容和难度。

第三，三个层次的康复评价标准，分别以三个不同的年龄作为终结性评价年龄。“家庭生活自理”的终结性评价年龄为 16 岁左右，“社会生活自理”的终结性评价年龄为 20 岁左右，“社会生活自立”的终结性评价年龄为 25 岁左右。有的人达到较低的康复目标以后，就可能达到了极限；有的人可能随着年龄的增长，其社会功能会继续改善，在 25 岁左右时能够达到最高层次的康复水平。

正确解读“孤独症康复”

理解孤独症的康复，我们不能不回答这些问题：“康复就等于彻底治愈吗？”“康复就等于完全和正常人一样吗？”“到底有多少孩子最终能够到达康复的彼岸呢？”“什么年龄的孩子才能够达到三个不同的康复目标呢？”“康复训练要到什么时候才能结束呢？”“康复以后还会退化吗？”……只有运用辩证统一的观点，我们才能找到正确解读孤独症康复的钥匙。

○ 教育康复等于医学治愈吗

我们所谈的“孤独症康复”的概念，并不等同于医学上的治愈，也不等同于孤独症生理病灶的根本消失。孤独症康复的含义是患者社会功能的恢复与改善达到家庭生活自理以上的程度。

如果我们在“孤独症患者”和“正常人”之间连一条线，那么，我们可以看到，这是一条社会性发展水平由低到高连续性的阶梯。孤独症患者和正常人比较，在社会性发展水平上，我们既承认他们有着质的差别，同时，我们又应该看到他们之间有着量变的连续性（见图 2）。

从一端看，在正常人群中，我们可以将其社会性发展水平由高到低，分为优良、中常、较差、很差四个等级；从另一端看，我们可以将孤独症群体的社会性发展障碍分为严重、中等、较轻、轻微四个层次。正常人中的社会性“很差”者和孤独症群体中的社会功能“轻微”障碍者在阶梯链的中间交会。在阶梯上，我们看到了社会性发展水平的阶段性和连续性的关系，其中

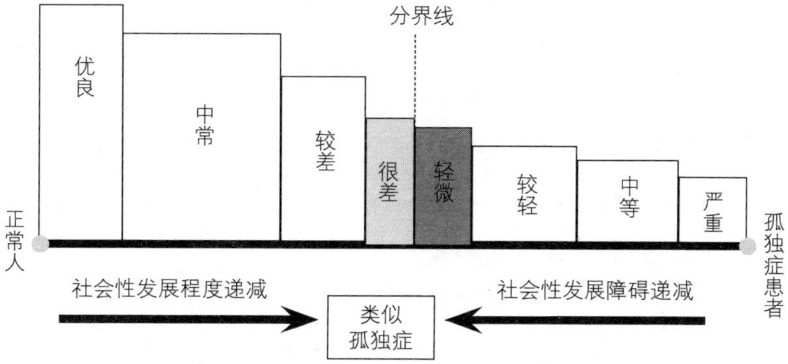

图 2　社会性发展水平的差异性和连续性

蕴含了量变和质变的辩证统一。每一个体的社会性水平都会处于这个链条的某个具体位置上，当这个位置跨越某个界限以后，我们就将其命名为“正常人”或者“孤独症患者”。

在正常人和孤独症患者的分界线两边，可以看出他们的社会功能在“量”的差异上并不显著，所以，我们对“孤独症康复”的理解，不是以正常人中的社会性优秀者为参照。当孤独症患者的社会性发展水平已相当于正常人当中“较差”“很差”状态时，他们实际上已经达到了正常人的水平，从某种意义上，我们可以把他们视为社会功能正常人，这就是对孤独症康复概念的辩证理解。

○ 康复等于完全和普通人一样吗

从世界现有文献看，部分孤独症患者最终可以实现社会生活自立，他们可以从事一般的社会劳动，有的甚至可以从事专业性、技术性工作，在某一专业领域取得较高的学术成就。部分成年孤独症患者能够自食其力，他们具有良好的道德认知和行为规范，也能够与他人进行沟通与合作，他们的外部行为与社会人之间已经完全趋向一致，因而，可以说他们具有最基本的社会适应性，总体看来，他们最终具备的社会功能水平让他们成了名副其实的社会人。

但是，必须看到，他们还是具有自身特点的社会人，即便是康复得最好的个案，他们的内在精神世界依然可能具有他们自己的特点，特别是在待人接物、为人处世、处理两性情感关系等方面，他们可能显示出自己的“个性”特色。他们的语言、表情甚至举止可能还显得生硬而不够自如，他们的思维方式可能还显得欠缺灵活，他们对他人心理的解读可能还缺乏心领神会的“灵气”，他们的社会经验可能还没有同龄人那样丰富，等等。所有这些，都使得他们如同置身于自然风景中的一道人造景观，在与社会的浑然一体中，保持着自己的特有“风格”。这种特有“风格”，如同伤口愈合以后的一道“疤痕”，虽然它会长久地保留，但他们的社会功能得到了恢复，依稀可见的“疤痕”已经不足以成为他们融入社会的障碍。从这个意义上说，不管他们成年以后是否还有孤独症的某些痕迹，只要他们的社会功能恢复到基本融入社会的程度，就可以叫作康复。

○ 孤独症康复评价的年龄是如何确定的

我们将实现“家庭生活自理”这一基本康复的年龄定在16岁左右，把达到“社会生活自理”这一中等康复的年龄定在20岁左右，而把实现“社会生活自立”这一最好康复目标的年龄定在了25岁。三个层次的康复目标分别定在了三个不同的年龄段上，“家庭生活自理”这一基本康复目标的评价年龄最早，而“社会生活自理”和“社会生活自立”这两个层次的康复目标的评价年龄都定在了成年期。

为什么三个康复层次的评价划分为三个不同的年龄段呢？

首先，三个层次的指标构成了社会功能高低不同的阶梯，其中低层次目标是高层次目标的基础，高层次目标是低层次目标的继续发展和提升。就同一个孤独症儿童来说，其社会功能康复需要先实现第一个层次的目标，也就是首先实现基本康复目标，在此基础上，可以继续向上攀登中层目标和最高层次的康复目标。这三个层次的难度从易到难，其社会功能水平依次提高，因而，实现不同层次康复目标的年龄，相应地表现为从低到高的排列。

其次，实现相对复杂、高级别的社会功能，需要的教育程度较高，需要的社会生活经验积累也相对较多，因而，所需要的时间自然就会比较长。有望达到最高康复层次的，一般都是智力较好的孤独症孩子，他们以独立就业、成立家庭为目标。因而，他们除了完成普通义务教育以外，还需要接受职业教育，甚至有的孩子还可以接受高等教育，所以他们大约需要在23岁、24岁时完成整个教育过程。进入社会工作以后，他们需要以职业角色与周围的人长期相处、密切合作，他们能否胜任职业角色，需要经过一到两年的考察。这样才能比较清楚地知道他们的社会功能是否能够达到社会生活自立的水平，这个时候才能对他们做出终结性评价。在三个康复目标中，“社会生活自立”需要的时间最长，评价的年龄点最晚。

“家庭生活自理”这一层次的康复目标是最基本的社会功能的体现，对孤独症患者社会性发展水平的要求相对比较简单。实现简单的社会功能，需要接受教育的程度相应比较低，所需要的时间自然也比较少。以轻度智力落后的孩子为参照，轻度的智力落后有可能在16岁左右实现家庭生活自理，因为16岁时，他们的智力大约相当于普通人小学中高年级的水平，这一智力程度完全可以胜任家庭生活自理。因而最低层次的社会功能康复评价年龄可以定在16岁，在三个康复目标中是最早实现的。

○ 为什么成年以后才能做出终结性评价

第一，一个人的社会功能成年以后才能完整地体现出来。在成长的不同阶段，人们会有不同的社会角色。经过基础教育、职业教育，成年以后，人们才能够以一个成年人的社会角色进入社会。到此，人的社会功能才获得了完整的体现。

从幼儿园到成年，这是一个人的社会功能逐步提高、逐步完整的过程。检验孤独症康复最重要的指标是看一个孤独症患者融入社会的程度，幼儿园教育、学校教育都是在为其成年以后以一个成年社会人的角色融入社会做准备。最终检验孤独症患者与社会融合程度的，是成年以后他们的社会角色完成的情况。实现“社会生活自立”这一康复目标，不但要在学业完成、进入职业角色以后，而且要看他们对职业的适应程度，要看他们是否能够适应独立就业。由于中等目标特别是高级目标要求的社会功能比较复杂，所以需要以成年后的社会角色适应水平作为最终评价。

第二，从生理发育和心理发展的角度看，20 岁以后，大脑发育成熟，通过大脑的生长发育再塑脑功能的余地已经很小。成年以前的教育，可以起到改善大脑功能的作用，成年以后大脑发育基本定型，孩子社会性潜能的开发也接近他们自身的极限状态。青年期是一个人自我意识的成熟阶段，孩子自我意识发展可能达到的最好程度，在这个时候也基本上得到了实现。从智力发展上看，20 岁也是智力发展的成熟阶段。

第三，青春期是一个充满风险的动荡时期。青春期的孤独症孩子面临三个难题：一是来自大脑发育本身的变化而带来的癫痫可能性的增加，二是来自孩子身体内部性冲动的干扰，三是来自心理发展中自我接纳的障碍。这些因素都会使原来显得安静、平稳的孩子出现退化，前期积累的康复成效可能会因为青春期的到来而出现反复，已经消退的激烈情绪和问题行为又会重新出现。只有平稳地度过了青春期，进入青年期后，孤独症孩子的康复成果才能基本上巩固下来。所以，对社会功能要求较高的中等康复目标和高级康复目标的终结性评价年龄应在 20 岁以后，或者更晚。

第四，一个孤独症患者是否康复，不是评价他的生理指标，而需要评价他的社会功能状态。而孤独症患者的心理年龄、智力年龄和社会年龄都要落后于他们的生理年龄，与普通人比较，实现同等社会功能对应的年龄要依次后延，所以，即便是基本的“家庭生活自理”，也需要延迟到 16 岁之后。

第五，孤独症患者进入青年期，大多数父母对孤独症孩子的教育作用逐渐接近极限，到 25 岁时，父母能够给孩子康复提供的外因条件，已经基本上发挥殆尽，这也就到了最后检验一个孤独症患者最终康复效果的年龄。

○ 怎样理解三个年龄尺度的相对性

在漫长的康复道路上，三级康复目标就像三个“车站”，有的孩子走到第一个“车站”，就到了康复的极限。有的还能走得更远，走到第二个车站，在这里实现了自己的康复极限。有的可能走到最远的一个“车站”，达到高级康复目标。

到达每个“车站”的“时间点”，具有一定的相对性。一些症状较轻、接受教育水平较高的孤独症患者，可能提前到达某一个“车站”，例如，可能在十四五岁就能到达第一个“车站”，提早实现了“家庭生活自理”，也有的人可能要晚于16岁才能实现“家庭生活自理”。同样，因为病症程度不同和康复教育的水平不同，在实现“社会生活自理”和“社会生活自立”这两个康复目标时，会有人提早，也会有人错后，不同的孤独症患者实现相同目标的年龄会有一定的差异。

对于家长来讲，正确的做法就是，竭尽全力创设最佳的教育训练条件，最大程度地挖掘孩子的康复潜能，促进他们尽早地达到第一个“车站”，鞭策他们继续走向下一个更高层次的目标。让孩子走出孤独，远离孤独，走得越远越好、越快越好。

○ 孤独症康复以后会退化吗

长期的环境刺激不足，可以造成正常人的社会性退化，对孤独症患者来说更是如此。所以，孤独症患者无论是儿童期社会性的发展，还是成年以后社会性的保持，社会环境都是至关重要的条件。经过科学、持久的社会性教育，一个社会性发展良好、基本能够实现社会生活自立的成年孤独症患者，一旦脱离社会环境，脱离人际交往的氛围，已经发展起来的社会功能，仍然有可能会退步。所以，我们不能设想把孩子的社会性开发到一定的程度，它就会终身保持不变。成年以后长期的社会功能保持与早期的社会功能开发，应该得到同等的重视。

孤独症患者社会功能退缩的另外一层意思是：即便是已经康复的成年

孤独症患者，他们对社会的整体适应宽度也比常人狭窄，他们对人的情感理解的程度也比常人肤浅。这些决定了他们在生活风平浪静的时候，基本能有常态社会人的常态表现，但是，一旦遇到波折，可能会使他们不由自主地退缩。比如，他们会重现消退了很久的问题行为和过激的情绪反应等。我们也可以把这个特点叫作孤独症患者社会功能的不稳定性。

○ 到底有多少孤独症孩子能够实现康复

孤独症患者中能有多少人最终达到这三个层次的康复目标？根据国内外相关的调查资料，又根据我们 30 多年康复教育的实践经验看，我们提出一个大胆的假设：如果我们能给每一个孤独症儿童创设优质的“社会融合教育”条件，如果我们能够给孤独症儿童提供最科学、最充分的社会性康复教育，可能会有三分之二以上的孤独症患者分别达到这三种不同的康复状态。

首先，孤独症康复与孩子自身的病症程度有关。在孤独症的庞大谱系中，每个个体各具特色，一个最轻微的孤独症患者和一个最严重的孤独症患者比较，其差异巨大。给他们确定同一个康复标准是不切实际的。我们将最终的康复标准划分出三种不同层次，本身也是充分考虑了孤独症病症的轻重程度，家长需要依据自己孩子的障碍程度，追求可能实现的目标。

其次，孤独症的康复效果和康复教育的水平密切相关。我们不能仅仅根据孩子障碍的程度而预言孩子未来的康复目标。孩子的程度只是实现某个康复目标的可能性，而后天条件是决定孩子康复的可能性能否变为现实的关键因素。从实现最高康复目标的可能性的角度上讲，有些孩子其自身程度非常乐观，但事实上，因为后天教育条件不足，致使孩子的康复效果受损，没能实现应该达到的康复目标，这样的例子屡见不鲜。所以，我们必须思考的是：到底是孤独症本身的程度致使孩子不能康复，还是我们自己的教育失误致使孩子无法康复呢？这是两个不同的原因。我们不能决定孩子先天的障碍程度，但端正康复理念、改善教育环境、完善教育方法，却是由我们自己的主观努力决定的。

○ 连“家庭生活自理”都难做到，社会性教育还有意义吗

因为孩子障碍程度严重，尽管父母坚持不懈地对孩子进行康复训练，孩子仍然没有实现“家庭生活自理”这一最基本的康复目标，在孤独症患者中，其人数会占到三分之一左右。那么，对这些孩子进行康复教育还有意义吗？

我们必须看到，通过教育改善大脑功能的幅度是有限的，也就是说，孤独症患者社会性康复的最终成效也是有一定限度的。我们必须接受的事实是：对于孤独症患者，我们确实能够“改造”其一部分固有的障碍，但并非所有孩子的所有问题都可以如我们所愿地得到改造，有些孤独症患者身上的特点，是教育训练难以撼动的。时至成年，有些孤独症患者仍然具有非常明显的孤独症特征：他们缺乏自我意识，不能理解人与人之间的关系，只能够执行一些简单的行动指令；他们的语言发展严重落后，甚至与家人之间的工具性交往都存在严重困难；他们生活不能自理，不懂得危险，因而仍需要别人看护。这一现实的结果，可能会让很多家长备受打击：“如果教育训练不能治好孤独症，那么教育训练还有意义吗？”我们可以坚定不移地说：“只要在教育训练上尽了最大努力，一定会得到应有的回报，对于重度孤独症患者，我们对教育训练回报的期待应该是减轻症状程度、降低看护难度。”

如前所述，孤独症患者的社会功能障碍程度由严重到轻微，具有不间断的阶梯性。它给予我们一个重要的启示，即孤独症康复教育实际上是促使患者的社会性水平向高于自己现有程度之上的跨越。也就是说，即使一个具有严重社会性障碍的患者，也可以在自己原有水平上显著地减轻障碍症状，提高社会功能，最终达到减轻家庭负担、改善生活质量的目的。从这个意义上说，康复训练适用于每一个孤独症患者。不管孩子原来的起点如何，只要教育方向正确、训练方法得当，只要付出持久的努力，就一定会有应有的收获——患者的社会功能都能够向高于自己原初水平的阶梯提升。

事实上，在不能达到“家庭生活自理”的成年患者群体中，也有两个不同的层次，一部分需要“辅助性看护”，还有一部分最为严重者仍然需要

“重度看管”。从我国的现状看，的确有一定数量的成年孤独症患者处在“重度看管”状态。他们没有最基本的社会认知，只有简单的生理需要；他们完全拒绝与人交往，甚至连最亲密的父母、家人都无法与他们相处；他们与他人、与家庭、与社会格格不入，甚至还自我伤害、攻击他人、破坏物品、干扰环境、没有危险意识。最严重的成年孤独症患者，就像没有得到教化的原始人，随着体能的自然发展，人们会越来越难以控制他们的行为，为了他们自身的安全与生存，需要配备多人 24 小时轮流看管他们，甚至用枷锁将他们束缚起来的个案也屡见不鲜。

这种未来的噩梦，不知道在多少父母的脑海中出现过。冷静下来，我们不得不思考的是：作为孤独症患者，难道这就是他们原本就应该达到的程度吗？不！由于没有社会性康复理念的统率，没有“社会融合教育”良好环境的支持，没有科学的教育训练方法，他们的社会性康复潜能并没有得到应有的开发。如果父母把握好社会性教育的方向，如果社会给孩子们提供了“社会融合教育”的环境，如果我们能够运用科学的方法训练他们的社会功能，那么，他们也很有可能不会出现成年后仍然需要“重度看管”的后果。

虽然社会性康复教育可能不会使每一个孤独症孩子都达到最好的康复标准，但是，社会性康复教育能够让父母摆脱噩梦的折磨，避免未来孩子陷入“重度看管”的灾难，这仍然是一个能够让我们获得安慰的结果啊！

结束语

“我的孩子长大以后会什么样？”“孤独症能够康复吗？”——谜底已经揭晓。深度剖析孤独症康复的相对性，我们应该为此而感到欣慰，还是悲观失望呢？毫无疑问，很多父母与孤独症的较量，起源于最初将孩子彻底“治愈”的期望与梦想，却收兵于孩子未能痊愈的无奈与悲壮。

到底是因为孩子确实无法康复，还是因为我们自己对孤独症康复的概念没有客观的理解呢？不容置疑，如果我们放弃社会性教育，绝大多数孤独症孩子可能会陷入终生依赖看护的病态中。

因此，对于每一个孤独症孩子，我们必须竭尽全力地施以“社会融合教育”，最大程度地开发他们的社会功能，无论他们能够康复到哪个层次。

这是我们义不容辞的责任，也是我们唯一正确的选择！

第二章

谁为康复导航

——探究康复目标的价值

孤独症儿童的康复训练，其艰难困苦无异于泥泞中的跋涉，它将一个家庭的情感、时间、财力、精力消耗殆尽。非常遗憾的是，形形色色的训练，有些失去了目标，迷失于没有航标的漂泊中，误入迷途。

失落目标的训练

一个孤独症孩子的康复，无疑是孤独症患者家庭的生活主题，也几乎是一个家庭最大的一笔投入。几十万元、上百万元地付出金钱为孩子治疗，购置昂贵的训练器材、设备，寻遍东西南北的专家、权威，但是，为什么所得与付出往往并不成正比呢？爷爷、奶奶、父亲、母亲、老师、保姆，一个孩子需要一个团队支持训练的现象并非少见，但是，为什么诸多的参与人员当中，却很难有一个人在康复工程中成为正确的统率者与决策者呢？

一个母亲说："为了孩子我们南征北战，能去的地方都去了，可是孩子的问题依然如故。"翻开一个孩子的家庭训练计划，从早到晚，时间安排相当紧凑，运动训练、手工训练、认知训练、游戏训练应有尽有，但是，当追问家长："为什么让孩子做这些训练呢？""你觉得还有比这些重要的训练内容吗？"面对这些提问，许多母亲的眼神中充满了茫然。对于训练，"知其然，而不知其所以然"者不计其数，甚至有的母亲会将"我看别人都这样练"作为理由……

如此高成本的投入，让家长心力交瘁，家庭难堪重负；如火如荼的训练，让一代又一代的父母前赴后继。然而，孩子某些知识技能的习得，并没有改变"孤独"的状态，孩子依然不知道看管自己的东西，依然不知道在公共场所远离母亲视线的危险，依然不懂得自己和祖母的血缘关系，依然不明白自己和商店售货员是什么关系，依然不明白在自己的家里能够做的事情在别人家里却不能做的道理……有的母亲甚至感慨道："怎么这孩子越训练越孤独呢？"挫败中，一代又一代的家长陷入了训练方向上的迷茫，同时也在迷茫中反思：这样的训练到底对不对呢？究竟应该怎样训练才能让我的孩子走出孤独呢？”

孤独症的诊断起源于西方，先于中国几十年，孤独症的康复教育方法，西方自然亦走在中国之前。中国孤独症教育康复起步于对国外方法的学习与引进，在相当长的时间内，中国的家长和教师们所听到的几乎全是来自国外的方法。由于拯救孩子的万分急迫与焦虑，由于我国缺乏对孤独症康复教育的系统研究，由于崇洋心理的惯性作用，长久以来，孤独症的矫正方法被家长和教师视为眼中的“阳春白雪”。家长们往往放大了对“方法”的期望，但是，在引进、学习西方方法的过程中，中国的家长、教师欠缺取其精华、发展创新的能力，其结果往往变成了生搬硬套，或者变形走样，或者因为社会文化制度的差异而水土不服。总之，种种方法的效果总是不尽如人意。

这些方法或者从孤独症儿童感觉器官的训练入手，或者从某一方面具体问题的改善着眼，或者以某项技能的训练见长，孩子确实学会了很多，有些技能甚至超过普通同龄儿童。花费重金训练之后，一个孤独症孩子的拍球动作异常标准，却不能完成一次“把你的球传给我”的简单合作；一个孤独症孩子能够在无数个点之间熟练地连线，却不能动手打开自己的食品包装；一个孤独症孩子痴迷于书本，“上知天文，下知地理”，却不懂得拿别人的东西需要得到别人的同意……他们依然孤独。这一切的一切，不由得不让我们反思：到底我们需要教会孩子什么，才能实现孤独症患者社会功能的康复呢？如果不仅仅是单项技能，不仅仅是灌输知识，那么到底应该是什么呢？

我们有那么多的方法，教了那么长的时间，花费了那么多的心血，原本我们寄予厚望的训练，为什么没有让我们如愿以偿呢？我们的训练到底缺少了什么呢？

缺的是目标。当我们被孩子的具体问题所困扰的时候，当我们被层出不穷的方法包围的时候，我们却失落了最重要的东西——孤独症儿童的康复目标。我们没有清楚地回答自己：“我最终要让我的孩子具备哪些能力？学会了什么，我的孩子才不再孤独？”很多父母就是这样，在混沌中匆匆忙忙地投入了昏天黑地的训练，着眼于具体问题的改善、具体技能和知识的习得，却没有对孤独症康复目标的深度思考——我们最终要改善孩子的什么呢？

失落了康复目标，就会迷失康复方向，训练就难免演变成纯粹的为训练而训练的形式。如果是没有目标的航程，随波逐流的小舟要何时到达何岸呢？

谁为孩子的康复导航

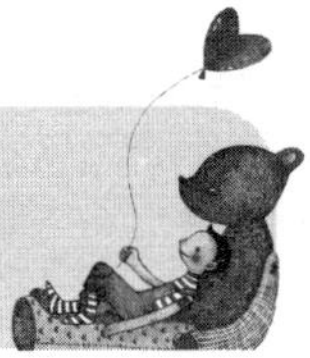

从这里走出自我闭锁的围墙

改善孤独症儿童的社会功能，最终以“社会人”的角色实现与社会不同程度的融合，这就是为孤独症康复导航的唯一目标。在苍茫的康复岁月中，它使我们在种种方法面前冲破困扰，使我们于层层挫折、失望中穿透迷茫，它引领着我们、引领着孩子，驶向远离孤独的彼岸！

为什么叫作“孤独症”呢？如果能够给“社会性”找一个相反意义的词，再也没有比“孤独症”更恰当的了。孤独症患者形形色色，无论从程度上看，还是从特点上看，个体差异巨大，唯独相同的一点是他们都在社会性发展上存在着障碍。“孤独症”三个字的深刻含义，恰在于它高度概括了孤独症患者社会功能低下，甚至社会功能丧失的特点。

什么是人的社会功能呢？人需要认知、调节和处理自己与他人、自己与群体、自己与自己的关系，在人与人的关系中，承担起自己的社会角色，这一功能为社会人之根本。

而我们在孤独症患者身上看到的是：他们与常态人群的差异，并不仅仅表现在运动感知能力或者技能技巧的落后上，并不仅仅表现在理解物与物的关系上他们存在的困难，甚至也不仅仅表现在处理人与物的关系上他们存在的障碍。他们与常人最大、最本质的差异，表现在关注、理解、处理、把握人与人的关系上，在人际关系的处理上存在着严重的缺陷。不是因为孩子发音困难、动作协调性差，或者单纯性多动、认知落后等，才判定一个孩子为孤独症患者。“社会功能”显著落后于同龄人，这才是我们判断一个孩子患孤独症的核心指标。

反过来说，“孤独症康复”的含义是什么呢？一个14岁的孤独症中学生，有良好的音乐感觉，在钢琴的学习上表现出了比一般孩子更优秀的潜质，母亲寄希望于将来孩子能够靠在酒店、歌舞厅里演奏钢琴谋生。但是，就是这个富有音乐天资的14岁中学生，却可以轻易地被陌生人领走，而不知存在危险的可能。一个6岁的孤独症男孩，在餐厅里经常会趁他人不备，动手去拿别人的食物，只要他自己有了饮食的需要，看到食品、饮料，不问东西归谁所有，也不问自己是否可以食用，不管家长是否允许，抓起来就享用。一个在普通学校读书的12岁的孤独症女孩，因为自己的内衣不舒适，在教室里不加遮蔽地整理起自己的内衣……由此可见，无论孩子学会了什么，只要在人与人关系的理解和把握上的困难没有得到改善，那么，孩子就没有摆脱孤独。

什么是社会性的光辉

母亲带领自己8岁的患有孤独症的孩子安安外出旅游，在火车站的人流中，安安随时调整着自己的步伐，与母亲保持着安全的距离。不但如此，当与其结伴出行的另外一个孤独症孩子一意乱跑，眼看就要超过安全范围的界限时，安安试图劝阻伙伴不能远离妈妈，但是，因为语言能力有限，情急之下，安安用力拉住同伴的手，焦急地回过头大声呼喊妈妈，向妈妈求援。这一情景是安安对当时的场合、在场的人物关系、自己和环境关系的理解以后做出的恰当反应，在一个孤独症孩子身上，无疑，这是难能可贵的社会性光辉的闪烁。

孤独症康复的特别含义在于，它不是人的肢体或者脏器功能的恢复，也不仅仅是知识、技能的增长，它是人的社会功能的获得和改善，是孩子社会性的发展，是孩子在认知、把握人与人的关系上的进步，任何教育训练不落脚在这一点上，我们就不能说它是有效的。除了社会性发展水平的提高，以任何其他方面的进步来判定孩子的康复程度都是不科学的。

孤独症的康复过程，也可以说是孩子身上的社会性内涵不断增加的过程，同时，也就是孤独症色彩逐渐淡化的过程。孩子与其他个体、群体关系由排斥到平行，再到融合关系的逐步变化，这是检验孤独症康复效果的唯一标准。促进孤独症儿童社会性的发展，提高孤独症儿童的社会功能，这正是孤独症康复的核心目标。

一个社会人的社会功能至少包括：

第一，生活自理的功能。一个人从学习自己抱着奶瓶吸吮，到独立地穿衣、脱鞋，再到独立地处理自己的饮食及排泄，直至独立地料理自己的衣食住行，生活自理从简单到复杂、从低级到高级，从婴儿期开始学习，不同年龄阶段有不同的自理要求。一个人的生活自理能力是一个人独立生存的基础，是一个人实现自己社会角色、融入社会生活的前提。

第二，社会交往的功能。一个人要理解和遵守群体行为规范，能够被群体接纳。人在社会生活中，必然产生个体与个体的联系及个体与群体的联系，这种联系是通过各种规则来维系的，个体行为只有符合群体约定的交往规则，人与人之间只有按照社会规则交流、沟通，个体才能被群体接纳。分工、合作、竞争、分享，每一个社会人都处于人与人的关系之中，因而，执行交往的一般规则，遵守群体规范，就成了社会人的重要功能。学会与人顺畅沟通，学会与人协调互动，是一个人社会化的重要内容。

第三，自我调节的功能。一个人要知道自己在人群中的角色，并能够通过主动调节而控制自己的行为，使自己的行为符合角色要求。自我意识包含人对自己的“物质自我”“社会自我”“心理自我”的认知与评价，包含人对自己社会行为的调节、控制能力。自我调节是人的自我意识在社会活动中体现出来的调节自我和社会环境关系的一种适应能力，它使个体关注自己在别人眼中的形象，主动调节自己的社会行为，正是这一点将“人”和“动物”彻底区别开来。丧失自我意识，也就丧失了社会人的灵魂。

第四，承担角色的功能。一个人在社会中要承担某些具体的社会角色，知道自己的权利、义务、责任，并有履行责任的能力，对自己的角色完成情况能够自我评价，这是一个社会人在群体中的定位。

个体是依靠自己的社会行为与其他个体产生联系的，完成角色的过程，也就是个体为群体、为自己、为他人做事情的过程，同时也是社会、群体认可个体社会角色的过程。角色承担包括一个人在家庭范围、社会团体范围承担的不同社会角色。一个人具有独立地在社会上承担社会职业角色的能力时，也就最终实现了社会生活的自立。可以这样说，“自立”是自理的最高水平。

这是人的社会功能的四个基本方面，从孤独症到社会人的进化，需要在这四个方面同时发展。塑造具有社会性的社会人，在原有基础上提高孩子的社会化程度，以促进孩子与社会距离的不断缩短，这些都必须落脚在一点一滴地改善孤独症儿童的每一项社会功能上。提升社会功能是孤独症儿童康复教育的方向，是孤独症儿童社会性康复的主要评价标准，当然，它也应该是我们对孤独症儿童进行教育训练的主要内容。

社会性康复教育的主要内容

众所周知，孤独症孩子先天社会性障碍的轻重程度不同，这就意味着他们在社会化道路上的起点不同，其终点也会不同。但是，他们都需要社会化，不仅他们的社会化方向是相同的，而且在相同的社会化方向上，他们需要接受的社会化康复教育内容也是相同的。

○ 社会性康复教育的主要内容

安全居家与生活自理

安全居家　在家庭生活中，能够安全使用家庭设施，知道如何规避风险，能够承担起看家的责任，也能够利用家的环境保护自己。

例如：

- 学习怎样安全使用插座。
- 学习家用燃气的开关方法，正确使用燃气灶。
- 知道家里的哪些东西易燃，知道用水灭火的办法。
- 知道高空坠落的危险，知道不能攀爬阳台、窗户、楼梯护栏等。
- 知道烫伤的危险，能够正确使用燃气和电烧开水、加工食品等，会正确使用保温器具。
- 知道只有食品可以入口，不误食药品、其他非食品。知道入户要关门。
- 在家听到敲门有反应，会通过询问、查看，确认来人身份以后开门。
- 知道出门要上锁，会使用常用的锁具和钥匙。

● 知道安全保管钥匙。

● 在居家出现意外的情况下，会使用电话通报家人。

● 知道自己的家庭住址、地理位置，街区、门牌号码。

● 知道自己家邻居的基本情况，知道和邻居安全相处。

生活自理 独立料理个人生活，满足自己的基本生活需要，并能做简单的家务劳动。

例如：

● 正确使用卫生间处理大小便。

● 会自己穿脱衣服、鞋袜。

● 能够按照常规完成家庭集体用餐。

● 会使用炊具、灶具简单加工速冻、方便、半成品食物，会做简单的饭菜。

● 会打扫、收拾家庭环境卫生。

● 知道家庭用品的分类和常规存储地点、收藏方法。

● 认识时间，知道家庭饮食起居的常规时间。

● 会自己计划要做的事情。

● 知道常见的天气特征，会根据季节、天气情况自己调换服装。

● 会使用电视、空调、冰箱、洗衣机、电脑、饮水机等常用的家用电器。

● 能够独居一室，会收藏、管理自己的服装、鞋袜。

● 能够收拾和管理自己房间的常用物品。

● 会独立洗澡。

● 会自己换、洗衣服。

● 知道在家中安全收藏属于自己的钱币、银行卡和其他重要证件。

● 能够认读家庭生活中常用器物的文字说明书。

● 有自己的休闲方式。

社会活动与行为规范

社会活动 在居住社区利用社会公共服务系统，满足自己的消费需要、娱乐需要和工作需要的各种交往活动。

例如：

● 了解购物、就餐、理发、游览、过节、比赛、参观、散步、逛街、看病、上学、健身、聚会、乘车等常见的家庭、社会活动，知道这些活动的目的，知道这些活动的一般过程和规范，知道这些活动的场所等。

● 知道商店、餐厅、理发店、书店、药店、洗衣店、银行、医院、学校、幼儿园、公交车站、火车站、飞机场、公园等公共场所的功能、环境特点，知道这些公共场所的人员构成，知道这些场所和自己生活的关系，知道这些场所的行为规范。

● 知道教师、学生、解放军、交通警察、演员、工人、农民、售货员、公交司机、医生、快递员等主要社会成员，知道这些成员的工作场所、工作对象、使用的工具等，知道这些社会成员和自己生活的联系。

● 具备一般的社会常识和社会活动经验。会使用钱币在居住区附近的商店独立购买日常生活用品、食品，购买自己的服装、鞋袜等。在熟悉的地方会乘坐熟悉的公共交通工具，会乘坐出租车。在有交通标志的地方，会按照交通标志的提示过马路；没有交通标志的地方，会判断车辆情况过马路。会去餐厅就餐，会去理发店理发。

● 在街区、道路、大型购物广场、娱乐场所等公共空间，能够看懂道路指示标识、功能提示标识，能够阅读张贴的简单、规范的文字说明和门店招牌。知道并遵守公共场所的行为规范。

行为规范 根据社会行为规范的要求，主动地调节、控制自己的行为。

例如：

● 对自己要做的事情，能够按照程序规范连贯操作，在指令的执行过程中，具有行为的自我调控能力，行为目的指向明确，中途不丧失目标。

● 知道常见的社会场所、社会群体、社会人际关系中社会活动规范的具体要求，约束自己的行为，使其符合规范。懂得排队、等待、轮流等基本群体活动规则。

● 在群体性社会活动场合及社会活动过程中，能够通过社会参照、社会模仿等方法，处理自己与他人的关系。

● 在自己与公众有不同需要的时候，能够用语言等社会表达方式表达自己的要求。能够理解不同的社会公众场合中自己的不同角色，并具有相应的角色行为。

● 能够自觉意识到自己行为的不当，或经过提示认知到自己行为的不当，具有控制行为的意识和能力。在公众场合没有不当行为。

语言应用与人际交往

语言应用　在日常家庭和社会生活当中，使用语言解决自己的需求，使用语言与他人进行信息交流和情感交流。

例如：

● 知道语言是一种实现自己需求的工具。

● 语音基本清楚，语调基本正常。能够根据情景或者别人的提示调整语音、语速。有符合社会规范的语言交流习惯，如知道听别人讲话时要看着对方，知道要听别人把话说完再离开／回答／提问。能够听懂他人的要求，并做出正确的反应。有集体倾听能力。

● 能够听懂社会生活事件描述中的人物、时间、地点、过程、起因、结果等要素。能听懂常见的句子。在情景中，能够理解体态语言。能听懂各种形式的问句，并回答。

● 主动表达自己的某些意愿和感受。主动对别人提出请求／问题。讲话和回答问题内容正确，符合情景。能够简单叙说一个事件的完整过程。

● 会向第三者进行转述。会提出自己的主张，并简要说明理由。会使用各种形式的问句提问。会恰当地加入别人的谈话。能与别人维持简单的主题对话。

● 在生活中能够借助书面文字，获得和解决与生活问题有关系的信息，如会看产品说明书，看懂行路指示标志，看懂商品价签，看懂公共场所的各种公告内容。能够通过阅读报刊等获得相关的知识、信息。能够通过书写表达事件的过程和自己的情绪及感受。

人际交往　理解与自己不同的人之间不同的利益关系，能够利用工具性交往解决实际需求。

例如：

● 理解和自己关联的各种层次、各个范围的人际关系。

● 知道家庭成员之间的血缘关系和亲属之间的血缘关系，如知道什么是母子关系、什么是祖孙关系、什么是姑侄关系等。知道家庭亲缘关系相处的方式方法，并能够在家庭成员之间进行日常交往。

● 理解邻里关系，知道自己和社区服务人员的关系，知道社区服务人员可以给自己的家庭生活提供哪些帮助，知道获得社区服务的沟通交流程序。

● 知道在常见的社会公共服务机构里自己与他人的关系，如知道在医院里自己和医生的关系，在商店中自己和售货员的关系等。知道在幼儿园、学校里各种人员之间的相互关系，如知道自己和老师、同学之间的关系等。能够通过基本的工具性交往满足自己的不同需要，懂得各种工具性交往的基本规则。

● 在群体中能够关注同伴，了解同伴的优点和缺点、爱好和行为习惯等，能够做到和同伴平行相处。

● 理解人与人之间的交换、协商、合作、竞争关系。在群体中能够被其他个体接纳。学会从语言、表情、态度上判断别人对自己的态度。会根据别人的需要调整自己的行为。在社会生活中能够通过模仿，学习做自己不会做的事情。

● 在群体中知道从众。能够观察、理解交往对象的想法、感受、观点、立场，理解别人的快乐和痛苦，学会站在他人的角度调节自己的交往行为。

● 能够参加同伴的游戏，体验游戏的快乐。

情绪控制与社会情感

情绪控制　根据社会场合和人际交往规则，调节、控制自己的情绪反应，情绪表达方式得当。

例如：

● 日常生活中，不良情绪发作频率能够逐渐减少，激烈程度逐渐减轻。

● 情绪发作时，能够通过讲道理缓解、转移、疏导、控制不良情绪。基本没有无缘无故的情绪发作，一般情况下，能够简单地回答或者自主表达引发情绪的起因。

● 日常情绪基本保持平稳、安定。能够识别不同的社会场合，识别不同社会成员之间的人际关系，有基本的社会认知能力，会根据社会场合与人物关系，调节、控制自己的情绪。

● 有恰当的情绪表达方式，如会使用语言等方式表达喜怒哀乐。

● 消除打人毁物、叫喊叫骂、自我伤害等情绪失控状态。

社会情感　在对客观事物、人物关系、生活事件的认知基础上，形成社会化的态度倾向、心理体验和相应的行为反应。

例如：

● 关注、关心和自己有利害关系的人物和事件。

● 理解父母等利害关系人的生老病死对自己生活的影响。通过语言、表情、动作等，观察、理解别人的喜怒哀乐。

● 能向家人、同伴等正确表达自己喜欢、讨厌、惦记、同情等情绪情感。

● 在人际交往中，逐步形成正常的、社会化的主观情感体验和情绪反应，具有依恋、移情、分享、同情、爱慕等亲社会情感，具有害羞、轻蔑、惊奇、内疚、自豪、自卑、思念等比较复杂的情感体验。

● 与他人有初步的情感交流和情感分享。

● 初步形成道德感与审美感。

自我意识与社会角色

自我意识　认识自己在与不同的社会成员交往中的自我角色，在人际关系中形成自我认识、自我接纳和自我调控。

例如：

● 能够表达自己的生理感觉和心理体验。

● 能够识别物质世界中属于“我”的部分，具有物质所有权的概念，知道看管、支配、保护属于自己的物品、钱财。

● 知道自己的家庭成员，知道自己和不同家庭成员之间的各种关系。

● 知道在不同的社会场合，自己与其他社会成员之间的关系。

● 会评价别人的外表、行为、成就、个性特点等。会拿自己和别人进行比较，知道自己的特点。能够接纳自己的特点。

● 基本能够调节、控制自己的行为和情绪。

● 对自己的未来有设计和想法，知道自己想成为什么样的人。知道怎样通过努力改变自己。

社会角色 个体通过在社会群体中担当某种任务、履行某种责任，以此来实现自己与他人、自己与社会的联系。

例如：

● 在不同的社会环境、不同的人际关系中，知道自己的角色位置，知道与自己的角色位置相对应的行为规范和责任。

● 理解在家庭接待客人时自己的“主人”角色；在学校环境中，理解自己的“学生”角色；在使用社会公共服务中，理解自己的顾客角色；在乘坐公共汽车时，理解自己的乘客角色；在医院，理解自己的患者角色；在与父母的关系中，理解自己的子女角色；等等。

● 学习按照角色规范要求自己。

逻辑思维与社会认知

逻辑思维 通过观察、比较、概括、推理的过程，建立物与物、人与物、人与人之间的关系，并使用词语、单句、复句等，表述认知对象的特征和联系。

例如：

● 能够按照颜色、形状、材料、用处等特点对日常用品进行比较、概括、分类。能对动物、植物、自然现象等进行比较、概括、分类。

● 认知语言学科中的字、词、句之间的关系，认识数量之间、形状之间的关系。

● 理解并运用归纳推理、演绎推理及类比推理等主要的推理形式，通过推理过程解决未知的生活问题、学科问题等。

社会认知　指对社会现象、社会群体、社会规则和人际关系的认知。

例如：

- 理解人与人之间的利益关系和情感关系。
- 思考、处理人与人的关系时，站在对方的角度考虑别人的利益、需要和感受。
- 理解社会生活中的一般事件，理解事件中的人物关系，理解事件的前因后果和发展结局。
- 认识自己经常接触的社会群体，了解这些社会群体的基本特征，了解这些社会群体与自己生活的联系等。

○ 怎么理解社会性教育内容间的渗透与贯通

上述孤独症社会功能康复教育的几个领域，提示了我们孤独症康复教育的主要内容。

横向看，几个方面的内容划分是相对的，不可截然分开，它们之间互相渗透、融会贯通。

首先，社会认知能力是社会功能获得的基础。国内外的研究表明，最能有效地预测孤独症儿童未来康复效果的因素，是他们的智力水平和语言能力。有的人把孤独症儿童分为高功能和低功能，从某个角度看，所谓“高功能孤独症”，通常是智力受到损害的程度较轻、语言能力较好的孩子；所谓“低功能孤独症”，主要指智力的损害程度比较重、语言能力低下的孩子。从总的情况看，高功能孤独症康复的效果比较显著，因为智力水平直接影响孤独症患者对社会现象，特别是对人际关系的理解。

其次，社会功能的各个方面都不是孤立的。在社会行为塑造中，需要思维理解能力、自我意识水平、情绪情感发展的支持；在人际交往的学习中，也渗透着自我意识的教育、语言表达能力的训练、思维理解水平的提高等。社会功能教育的各个方面相互联系、相互作用、相互影响、相互制约。当他们的思维理解能力提高以后，会有利于人际交往、语言表达、自我意识的改善。反过来，某个方面落后，也必然会导致其他方面的落后。社会功能的康复教育，必须注重几个方面的关联性和整体性。

纵向看，社会功能教育的每个领域，都有自己相对集中、具体的教育内容，每个领域中的每一项教育内容都可以划分从易到难的阶梯，每个孩子在每一项内容上达到一定的要求后，同一个内容依次可以提高难度。

比如，以学习人际关系认知、理解“母子关系”为例。母子关系是人际关系中的直接血缘关系，从自然属性的角度理解，母亲就是“生育自己的人”，这一内涵是对“母亲”本质特征的概括，“母亲”和年龄、肤色、服装、发型、高矮、胖瘦等都没有关系。只有理解了“母亲”的本质内涵，才叫学会了“母亲”的概念。但是，任何一个婴儿认识母亲，都是从母亲的外观特征起步的。从社会属性的角度看，母亲是必须对孩子承担抚养、教育责任的人，而这个属性，孩子是从母子之间的互动行为中认识到的，孩子对母亲行为的最初感知就是哺乳和搂抱的动作。

一个孩子形成“母亲”的概念，必然要遵循从感性认识到理性认识，从认识母亲的外部特征，到认识母亲的行为特征，再到认识母亲的本质特征的规律。程度低的孤独症孩子概括能力明显落后，我们最终可能无法让他们形成对“母亲”本质的抽象认识，一个成年重度孤独症患者对母亲的理解可能也仅停留在普通幼儿的水平，但是，我们不能说重度孤独症孩子就可以不学习，就没有必要学习对“母子”这一血缘关系的认知。

同此道理，任何一个社会性教育的内容都是如此。

购物，从最简单的认识“这是商店”，到认识“商店里可以买苹果”；从跟随大人购物，参与、完成购物的某个环节，到自己能够独立购物；从去固定熟悉的商店、买固定熟悉的物品、支付与商品价格同样面值的货款这样最简单的购物程序开始，到去不同的商店，买不同的物品，直至学会货比三家、讨价还价、处理消费纠纷等。一次购物能力训练可以建立起无数个难度阶梯，程度不同的孩子可以尝试和自己的理解能力相适应的购物难度。

正是从这个意义上，我们说社会性教育适合每一个不同程度的社会功能障碍儿童。

康复目标的价值

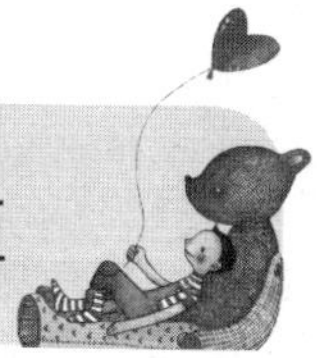

○ 目标为康复领航

为孤独症儿童的康复教育领航，这就是康复目标的价值。孤独症康复训练如同大海中的万里远航，倘若没有目标的引导和统率，那么，必然会迷失于苍茫的大海之上。

一个妈妈感慨地说：“训练很辛苦，但是也很迷茫，不知道自己做得对不对。辗转好几个机构训练，好像孩子仍然在原地打转，不知道出路在哪里。”另外一个妈妈在读了《孤独症儿童社会性教育指南》以后，猛然发现自己“好像应该教给孩子的都没有教”。

教育是一个目的性、计划性、方法性很强的工程，孤独症教育因为其特点，决定了它应该更具科学性。我们为了什么目的教育孩子呢？如果我们是为了孩子的生存，那么，这就必须促进孩子社会性的发展，尽可能地让孩子成为一个社会人。正是因为将“社会性”作为目标，正是因为孩子现实的孤独症症状与社会性目标之间的差距，所以我们才要启动针对孤独症孩子的社会性教育工程。

有了目标，我们才能判断我们的康复训练是否科学。如果没有目标，我们又根据什么去判断哪些东西该教，哪些东西可以不教呢？如果没有目标，我们又该如何判断教哪些东西对孩子的康复最直接、最有效、最有价值呢？

这样的现象每天都在发生——很多母亲带着孩子在特殊机构训练，在美术、手工等集体课程上，老师一声令下：“拿出水彩笔。”家长们齐刷刷开始翻动孩子的书包，以最快的速度纷纷拿出笔，塞到自己孩子的手里。孩子学会了涂色，绘画技能有了提高，足以让母亲沾沾自喜，聊以自慰。但是，几年的训练结束了，仍然是母亲把笔塞到孩子手里，仍然是母亲为孩子收拾用品。绘画技能的提高、对老师指令的反应、与老师的配合、学习用品的整理、理解作品的意义、将自己的作品展示给别人看等，这些都是围绕绘画活动可以开展的教育内容。我们要思考的是：这些内容中，到底我们让孩子学会什么，对孤独症孩子更有康复意义呢？这些教育内容的价值判断与取舍，又以什么为准则呢？回答这个问题，当然还是离不开康复目标！

○ 教什么内容由目标决定

教什么内容，要依据目标来选择。那些符合社会功能康复目标的内容，就多教、早教、下功夫教、持之以恒地教。那些与实现社会功能康复目标关系不大的，甚至教育者自己都找不到自己教的和目标之间有什么关系的内容，可以不教！

当我们围绕着目标选择了最应该、最值得教的内容后，接下来的问题才是用什么方法教。目标是目的，方法是实现目的的手段。目标是永恒的、唯一的，而方法是多元的。随着孩子各方面的变化，随着教育环境的改变，方法是可以调整的。判断方法的好坏，只有一个尺度，那就是它是否能够有效地实现我们的目标。离开目标去评价方法，就等于失去了评价的根据。

康复训练是否有成效呢？怎么评估我们的教育训练质量呢？仍然离不开目标——孤独症孩子社会功能的提高，这是衡量教育训练效果的唯一标准。没有目标的航程，就是没有方向的航程，难免有迷失者、有原地打转者，更有甚者，与目标背道而驰也不足为奇。

○ 社会性教育适合“低”“重”“典”的孩子吗

低功能、重度、典型的孤独症儿童是否可以且必须接受社会性教育呢？答案是肯定的。

“社会性教育适合程度好的孩子、适合高功能的孩子”，这是对社会性教育的误解之一。孤独症是一个族群的统称，其中的每个个体，其障碍程度、类型差异之大是众所周知的。这就决定了不同的孩子各自不同的康复潜能，自然也就决定了不同的孩子未来各自可能达到的不同层次康复目标。

但是，孩子障碍程度的轻重，并不是该不该进行社会性教育的依据。对所有孤独症儿童来说，恢复、改善社会功能的方向是一样的。不一样的是，不同程度的孩子在社会化道路上前进的速度是有快慢区别的，社会功能获得改善的最终程度是有高低差异的。但这是他们在社会化道路上前行 100 步还是前行 50 步的差异，不是方向上的差异。

无一例外，所有的孤独症儿童都适合社会性教育，问题是针对重度、中度、轻度的孩子，应该提出什么样的终极康复目标，应该进行什么难度的社会性教育，应该怎样进行社会性教育，这些都要考虑孩子的具体情况。难道说孤独症康复还有别的目标吗？没有！通过社会性教育，最大程度地实现社会功能康复，我们只有这一个目标！

“我的孩子能走多远”：影响康复效果的因素分析

“我的孩子能够康复到什么程度？”“我应该为我的孩子确立怎样的康复目标呢？”如果我们不去剖析影响孤独症康复效果的诸多因素，我们就无法对这些问题做出理性而客观的回答。

○ 障碍程度影响孩子的康复效果

一个孤独症孩子能够康复到何种程度，首先和孩子的障碍程度有直接关系。

判定障碍程度主要依据两个方面：一个是孤独症病症程度，一个是孩子的智力情况。

孤独症是一个庞大的谱系。第一，谱系中的不同个体有许多共同的特点，最为突出的共同特点就是社会性发展障碍。第二，谱系中每一个个体的具体表现是不同的，他们之间具有很大的差异性，这种差异反映在患者自闭的深度和广度上。深度，指的是自闭症状的严重性；广度，指的是症状表现的广泛性。有的孩子可能具有孤独症的所有表现，有的可能只具有某些部分的表现，有的可能每种症状都很严重，有的则只是某个方面的症状严重。

孩子的智力状况也是判定障碍程度的重要指标。有统计资料表明，在孤独症群体中，其智力受到损害的占 75%。也就是说，多数孤独症患者伴随有智力损害，但是其损害程度有轻重之别。智力损害程度如何，主要看孩子的思维水平和语言表达。思维是智力的核心，语言是思维的工具。在某些类型的孤独症患者身上，我们似乎可以欣慰地看到其智力发展并不像其他方面那样异常，还有的孩子似乎有智力超常的上好表现，但大多数孩子存在智力落后，甚至明显的智力落后。

在不同的孩子身上，我们可以看到孤独症症状与其智力程度的不同组合。有的孩子孤独症状严重，且智力明显落后；也有的孩子两者均一般；更有的孩子两者都比较轻微；还有的孩子孤独症状比较严重，但是智力损害比较轻微；有的孩子智力损害严重，孤独症状并不严重。在孤独症的程度区别上，人们习惯用高功能、低功能来划分。高功能为孤独症状轻微与智力损害轻微的组合，而低功能则相反。高功能与低功能，只是一个模糊概念，高与低之间并没有一条截然分开的界线。而且，它仅仅是对孤独症程度的表述，孤独症患者除了程度具有差异之外，类型上的差异也很大。

因先天障碍程度不同，每个孩子的康复潜能有所不同，这意味着教育者在实施教育训练中，所面临的困难有所不同，给孩子确立的最终康复目标也应该有所不同。

○ 家长的理念影响孩子的康复效果

一些家长虽然走上了教育训练之路，但教育理念不对，依然会事倍功半，甚至导致南辕北辙的结局。由于孤独症障碍的综合性、复杂性，其教育康复过程的艰巨性、持久性，把家长摆在了康复训练的首要位置，对家长的康复价值观、教育理念、心理品质等都提出了很高的要求。

可怜天下父母心，虽然几乎所有孤独症孩子的父母都在尽自己的天职去拯救自己的孩子，但客观上不是所有父母都具有正确的教育理念和教育方法，在教育的道路上误入歧途的父母非常多。这一方面源于父母们绝大多数远离教育专业，康复教育知识匮乏，使得我们在特殊孩子面前束手无策；另一方面，一个特殊孩子带来的困扰和压力，使得父母在心理和情感上出现了扭曲、变形，理性判断能力下降。在我们自己没有专业知识而又急切地寻找康复方法的时候，特别容易受市场的误导，因此而尝尽各种无效方法的苦头，尝尽“有病乱投医”的苦头。因为家长教育干预上的盲目性，诊断以后不走弯路的家长极少。虽然很早就开始教育干预，但是没有走上社会性教育的正路，仍然耽误了孩子的康复。

形式训练过度影响康复效果

所谓功能性训练，是以改善孤独症患者社会功能为训练目标，将与孤独症患者实际生活直接有关的实用知识、实用技能作为主要训练内容，强调康复内容对于生活、生存的实用价值，强调康复训练过程要生活化，强调社会功能培养要个性化。社会功能培养需要教师和家长具有社会性教育的理念和操作能力，并对康复方法的应用要有较高的灵活性和创造性。

所谓形式化训练，是训练内容脱离孤独症患者实际生活中所需要的实用知识和实用技能，训练内容以脱离实用功能的动作技能和行为反应为主。训练过程倾向于程式化，训练方案缺乏个性化，训练效果很难迁移到实际生活中。

比如，让孩子用剪刀将长纸条按照等分的标记一段一段地剪断，重复训练孩子将塑料螺丝帽拧紧，这些就是形式化训练。与此不同的是，训练孩子用剪刀剪开食品包装袋取出里面的食物，训练孩子动手拧开瓶盖喝到里面的水，这些就是生活中具有实际用处的功能性训练。

孤独症康复的核心是发展孩子的社会性，是改善孩子的社会功能。社会功能教育的最佳环境是在社会生活实践中进行，家长应是康复教育的主角。然而，有的家长嫌麻烦，自己不愿意投身孩子的康复教育，一味地依赖训练机构，对于机构训练的期望值往往超过了机构所能做到的限度。目前，孤独症孩子大多在机构接受的是阶段性的形式化训练，而非生活中直接应用的功能性训练。如果仅仅将康复教育局限为形式化训练，而没有将形式化训练自觉地向生活应用延伸，没有自觉地将形式化训练提升为功能性训练，那么，其康复效果自然是有限的。

孤独症孩子的康复，起点可以始于机构，但终点必须回归生活，必须在生活中为通过形式化训练获得的技能找到实用价值、功能价值，而不能人为地将形式化训练与生活应用、与社会功能的改善割裂开来。

放大桌面训练影响康复效果

孤独症儿童的情感教育是社会性康复的一个重要内容。情绪情感教育，不但不能被忽略，反而应该成为重点之一。但是，我们强迫性地让孩子做了很多形式训练课题，这往往要牺牲孩子本来就少得可怜的兴趣和爱好。将孩子不喜欢的训练形式和内容强加于孩子，有时候，家长不惜以孩子的情绪康复作为代价，去换取孩子“完成了多少个动作”“画出了多少条直线”等，虽然我们可能暂时看到孩子的某些进步，但从可持续康复的角度看，我们牺牲的东西可能比我们得到的东西更多、更有价值——那就是孩子的情绪康复。

长远来看，教育训练如果以牺牲孩子的情绪康复为代价，其康复效果自然不好。而且，在高强度的形式训练结束以后，我们需要用大量的精力和时间修补孩子的二次情绪损伤。

远离思维培养影响康复效果

总能听到一些父母这样说：“我孩子的认知还可以。”的确，有一部分孩子功课学习上并没有表现出很大的困难，这给了我们些许安慰，但是在“孩子的认知还好”这句评价中，我们需要深思的是：应该怎样评价孩子的认知能力呢？一个幼儿园教师兴奋地夸奖一个孤独症孩子：“他其实很聪明，我们教的所有东西他都能记住。”难道记忆出色就表明孩子的认知能力好吗？在智力组成中，“思维能力”这个最核心的部分往往是孤独症孩子最薄弱的环节，几乎所有孤独症孩子的抽象概括和判断推理能力都受到了损害，如果我们教了知识，但是没有培养孩子的思维能力，如果我们的思维训练做得零散而无序，孩子的社会性就很难得到康复。

孤独症孩子的致命弱点是社会性发展障碍，社会性之本就是人与人的关系。学习交往、学习处理人际关系，其基础是孩子对人与人的关系的正确认知。没有概括能力、没有推理能力，孩子难以在社会认知上，或者说在对人与人关系的认知上取得突破。

从认知对象的角度看，我们以往的训练没有自觉地将物理认知和社会认知贯通起来，导致孩子学习了很多关于物质现象、特征的知识，但这些对孩子交往的进步、对孩子社会性的提升没有显见的帮助。

怎样让孩子走出闭锁的孤独世界，摆脱自我中心化呢？思维方式的训练格外重要。“孤独症”缺陷就是自我中心，而“社会性”的本质是站在自我的对面，从对方的角度、从他人的角度、从社会的角度去考虑问题，从自我和别人联系的角度考虑问题，如果没有这种社会化的思维方式，孩子将永远无法融入社会。

思维的发展水平，制约着孩子社会化的进程。如果没有自觉的思维训练，孩子的康复效果必然要受到影响。

战略战术本末倒置影响康复效果

孤独症儿童的问题行为千奇百怪、数不胜数，许多家长急功近利、就事论事，“头疼医头，脚疼医脚”，到处搜集纠正孩子问题行为的具体招数，甚至有病乱投医。另外，在市场机制的驱动下，各种国外来的“洋方法”一拨一拨地像时装一样流行不止，让家长们眼花缭乱，客观上把家长引入了“只问其术，不问其道”的误区。看起来，家长忙得不亦乐乎，为了一个具体问题的解决而心力交瘁、绞尽脑汁，但家长并没有问：孩子出现这个问题的原因是什么呢？在我看到的现象背后还藏着什么真相呢？这个问题自身的发展规律是什么呢？这个问题和其他问题的联系又是什么呢？根本解决的思路从哪里找呢？这个现象是否有必要纠正呢？和孩子的其他问题比较，是否有必要花费这么大的代价去纠正呢？在我们看不清孩子心理发展全貌的时候，我们的重点就可能弄错，我们的方向也可能有待调整。如果我们不问其“道”，不研究孤独症康复的规律，而沉迷于具体的方法和技术，康复效果就是事倍功半，以至于南辕北辙者也是常见的。正如一个妈妈所说：“目标错了，越使劲教越糟糕。”

孤独症康复，战略是全局、是方向，战术是局部、是细节。只有在战略方向正确的前提下，研究战术才有意义。当我们将两者倒置的时候，其康复效果自然不好。

30 多年前，在孤独症康复教育没有先例的情况下，我们不可能要求一个 3 岁孩子的父母对孤独症的康复思路、教育方法有先见之明。但是，当第一代孤独症孩子已经长大成人，无论我们是成功还是失败，无论我们得到的是经验还是教训，我们获得了对孤独症康复规律的认识。虽然这些认识还非常有限，但第一代父母的实践与探索，已经为今天这一代父母、这一代孩子指明了通向康复的道路。今天的父母有条件站在前人的肩膀之上，理当将教育过程中的挫折与失败减到最少，将我们的康复成本降到最低。

请切记：孤独症康复必须在得其“道”的前提下，求于“术”。有道无术，术尚可求；有术无道，仅止于术；以道为体，以术为用；以道驭术，术从其道。这样才能获得理想的康复效果。

◎ 社会性教育的持续长度影响孩子的康复效果

教育是孤独症孩子获得康复的有效途径，这早已成为大家的共识。非常遗憾的是，仍然有很多父母将主要精力与财力用在了“看病吃药”上，这种家庭往往东奔西跑，搜寻“灵丹妙药”，却迟迟不能走上教育康复的正路。实际上，这是一种对教育不信任和对医疗所抱的侥幸心理。例如，一个富裕家庭花高昂的费用购买医治器械、药品，为孩子的医疗投入已经达到几十万元，悲哀的是，父母并没有看到自己期待的效果。在“打针吃药”的道路上，一部分父母走得很远、很执着，迷失了七八年后才醒悟过来。虽然孩子诊断得比较早，但因为干预误入歧途，教育训练起步却很晚，致使孩子失去了最好的康复时机，最终的康复效果大打折扣。

“训练”，几乎是所有家长都有的概念，但需要训练多长时间？在这个问题的认知上可能会有两个误解：一个是误以为只有早期才能够训练，以后训练就没有效果了。其实，任何时候开始训练，总比不训练要好。从效果的角度看，同样的功夫花在早期，收效会更大。还有一个误解是认为经过早期训练以后，孩子的问题就解决了。这种梦想一般在训练一段时间以后，家长都会自行更正而接受孤独症孩子需要长期教育干预的现实。一部分家长从成年孤独症患者身上看到了现实的残酷，最终接受了孤独症“终身不愈”“无法治愈”的真相，反过来更加脚踏实地培养孩子的社会功能。但这一真相的客观存在，也让很多家长对康复教育失去了信心，反而在孩子的社会性康复面前却步了。

其实，孤独症的康复效果是时间和方法的乘积，如长方形的两条边，方法的正确是一条边，训练时间的积累是另外一条边，延长每一条边都可以扩大长方形的面积。

开始阶段，没有父母面对孤独症会坐以待毙，尽管我们知道孤独症的严重性，尽管我们知道未来可能希望渺茫，我们几乎都会投身拯救孩子，只是在不断挫败之后，有很多父母无奈地放弃了。教育训练坚持一个月并不难，坚持一年仍然可以做到，但十年如一日却非常难以做到。孤独症康复不是靠短时间的“爆发力”，不是“短促突击”就能够见成效，它更需要百折不挠的持久投入。

孤独症康复训练的实质，是在整个大脑发育期间，通过长期的教育干预，一点一点地改善孩子的大脑功能，这是一个循序渐进的过程，这是一个训练效应长期积累的过程，它像一条漫漫长征路，必须一步一步地走出来。正所谓：不积跬步，无以至千里；不积小流，无以成江海。

○ 社会的接纳程度影响孩子的康复效果

孤独症孩子的社会性康复，要依靠社会环境的支持。社会性是在社会关系中习得的，离开了社会环境的支持，人的社会性无从养成。然而，我们面对的现实，一面是孤独症康复对社会接纳的高度依赖，另一面是社会对孤独症孩子的冷漠拒绝。

中国第一代孤独症儿童的父母经过了竭力的抗争，但是因为客观局限，他们给孤独症孩子创造的成长空间只是一道夹缝。在这道夹缝中，只有少数孩子能够得到社会性康复需要的可贵阳光，而大多数孩子却非常不幸，因为缺少社会接纳这一社会性康复必需的外在条件，他们在康复的道路上停滞不前，有的甚至严重倒退。

社会接纳的深刻含义，指一个社会对孤独症孩子的康复应该担起的责任。给孤独症孩子的生存以尊重，给孤独症孩子的康复以权利，社会接纳程度决定着孤独症孩子社会功能康复的速度，决定着孤独症孩子康复的效果。

在孤独症的康复教育中，社会接纳的具体表现是：能否让孤独症儿童进入普通幼儿园、普通学校就读；能否让他们回归主流，在正常的环境中，学会正常的社会行为。如果幼儿园，特别是普通学校将这些孩子拒之门外，孤独症儿童就会长期远离常态人群，这将助长孩子的孤独，使其原有的、本已先天不足的社会化潜能遭遇扼杀与埋没，使已经开发出来的社会功能遭遇退化，甚至消失。

如果由于没有足够的社会宽容和社会接纳，一个孩子、一个家庭，乃至整个孤独症群体，必然陷于弱势处境的孤立和悲哀中。不是每一个母亲、每一个家庭都有能力改变社会接纳环境，他们中的大多数只能无奈地回避被社会歧视的巨大压力，其后果是使很多孩子失去康复的可能性。这是孩子的悲哀、家庭的悲哀，谁又能说这不是一个民族的悲哀、一个国家的悲哀呢？

毫无疑问，我们必须看到，今天和30多年前比较，社会在进步，我们的孩子无疑也在享受着社会文明的成果，这样的例子在生活中比比皆是。社会文明水平决定了一个社会与孤独症孩子之间的距离。学校能否接纳孤独症孩子上学，这是一个推进孤独症“社会融合教育”的关键条件，是能否拯救孤独症孩子的关键条件。随着中国社会文明的发展，我们有理由相信，我们会迎来人道主义之光普照每一个孤独症孩子生命的时候。那一天，在更为宽松的社会接纳环境下，会有更多的孩子得到必需的教育救助，整个社会接纳程度的提高，将使最终实现康复的孩子数量大大增加。那一天，我们将看到孤独症孩子的康复教育汇入中国社会和谐发展的主旋律！

结束语

总之，科学分析影响孤独症康复效果的各种因素，是我们预测孩子未来的依据。孩子先天患病的程度和类型不同，父母自身素质和能力不同，社会提供的接纳环境不同，这些都是对孩子的未来社会性潜能开发有重大影响的因素，所以，将这些因素集合在不同孩子身上，就造成了孩子与孩子之间康复效果的千差万别。

第 三 章

敢问路在何方

——“孤独症社会融合教育”解读

孤独症康复对“社会融合教育”的呼唤

找到了孤独症康复的目标，我们就有了康复路途上的“指南针”。那么，走什么样的道路，才能使孤独症儿童日益接近，以至于最后实现社会性康复的目标呢？目标是我们选择康复道路的依据，道路是我们实现康复目标的途径。当目标确定以后，采用什么样的教育模式去达成我们的目标，就成了问题的关键。

○ 康复对“社会融合教育”的呼唤

孤独症儿童社会功能康复的独特性，从客观逻辑上凸显出它与“社会融合教育”模式之间的必然内在联系。30 多年，一代中国孤独症儿童的社会性康复历程，也用事实回答了——孤独症社会性康复必须走“社会融合教育”的道路！从某种意义说，没有“社会融合教育”，就没有孤独症孩子的最佳康复。

什么是“社会融合教育”呢？孤独症儿童的“社会融合教育”是在社会性教育理念的指导下，给孤独症儿童创设家庭生活中的社会化交往环境，创设社会场合中的工具性交往环境，创设幼儿园和普通学校融合教育中的交往环境，由家长和教师实施有目的、有计划的社会性康复教育，以促使孤独症儿童社会功能显著改善的康复教育模式。

孤独症不是肢体障碍，不是器官残疾，而是以社会性发展障碍为特征的精神残疾，也可以叫作社会功能残疾。这种残疾的矫正不是靠药物治疗，不是靠器械补偿，而是靠在正常社会环境中的教育训练，实现大脑功能的再塑造，实现社会行为能力的再塑造。孤独症的康复，高度依赖正常人际环境，孩子是以正常人为榜样和参照，通过社会模仿而学习接受社会规范，学习理解社会人的正常行为与情感。通过正常社会环境的长期熏陶，孤独症孩子才能最终实现对正常社会生活的适应。离开正常的人际环境，康复残缺的社会功能，那是根本无法想象的！

一个在正常人际环境中经过长期磨炼的孤独症儿童，其社会功能获得康复的程度，要远远好于障碍程度相当但是只接受过隔离式教育的孤独症儿童。一个孤独症孩子是否经历过正常社会生活的洗礼，关系到其社会功能障碍最后改善的程度；而其他非社会功能缺陷的残疾儿童，正常人际环境对其康复效果的影响，并不会起到如此关键的作用。正是由于孤独症障碍的特殊性，决定了正常人际环境对于孤独症儿童社会功能障碍的康复是一个有着战略意义的必要的前提条件。孤独症康复绝不是离开这个大前提，仅仅依靠一个具体的、时尚的“好方法”就能够实现的。

在相当长的时间内，我们曾经认为训练就是远离柴米油盐的“阳春白雪”——花费高额的资金，给孩子创造一个离开真实社会生活的人造小环境，我们更多地期待训练器材发挥作用，更多地期待孩子在专门的训练时间里完成专业人员规定的训练作业。我们将符合这些条件的训练视为“康复训练”。

我们曾经以为，为孩子特别设置的特别课堂中的训练课程至关重要、不可或缺；我们曾经以为，经过这样的训练，能看到孩子的交往和社会适应能力的显著改善；我们曾经以为，只要教会了技能、学会了知识，孩子自然就能走出孤独；我们曾经以为，如果不纳入这样规范的训练模式，我们就是在耽误自己的孩子；我们曾经以为，我们自己在家庭生活中对孩子的训练根本无能为力，让孩子刷锅、做饭这些家务事与孩子的康复风马牛不相及……

当自己辞去了工作，带着孩子离乡背井，几度辗转于各地，走完了“训练”的道路以后，很多父母往往失望地发现，结果并不像当初预期的那样。一个母亲说：“孩子在有些技能上确实有提高，但是，孩子的人际关系、环境适应、解决问题的能力都没有明显的进步。”甚至还有的父母发出了这样的疑问：“这孩子怎么会越训练越孤独了呢？”反思与孤独症的交战历史，我们要问自己的是：我们找到孤独症康复的症结所在了吗？

矫正“社会性发展障碍”，实现“社会功能康复”！只有找准这一关键点，才能使我们的康复训练对症下药，才能使我们选择对于提高孩子的社会功能最直接、最有效的教育模式。如果我们找不准这一关键点，我们的教育训练就难免表面上轰轰烈烈、辛辛苦苦，实际上却在舍近求远，甚至南辕北辙。

特殊教育与普通教育关系的演化

传统的特殊教育是将有残障的儿童从正常人群中分离出来，将这些特殊儿童按照障碍的特点进行分类，然后将他们集中在特殊学校，接受特殊教育。这是一种“正常”与“特殊”有着严格界限的隔离式教育，在我国，将孤独症儿童集中在专门的特殊训练机构，进行隔离式形式化训练，这是传统特殊教育模式在我国孤独症教育中的沿用。实际上，特殊儿童需要的是特殊的辅助，但是他们不需要特殊的隔离，特别是对具有社会功能障碍的孤独症儿童尤其如此。

20 世纪 60 年代末期，欧美国家开始主张把特殊儿童还回普通教育系统，反对把学校分成普通学校和特殊学校，反对隔离式的二元体制，提倡满足特殊儿童在普通学校就读的教育需求。几十年来，这场特殊教育的改革提出了很多新的特殊教育理念和新的特殊教育模式，例如回归主流、全纳教育、融合教育、随班就读等，我们提出的孤独症“社会融合教育”和这些概念有哪些区别呢?

“回归主流”是欧美国家使用的一个名词，它起源于美国特教专家康恩在 1968 年发表的一篇论文。美国特教学会在 1976 年对“回归主流”的定义是：回归主流是一种有关特殊儿童教育安置的措施和过程的理论，这个理论主张让特殊儿童在普通的教育环境中接受教育。

“全纳教育”是一种教育理念，它主张普通中小学要接纳所有儿童，包括特殊儿童，是 1993 年在哈尔滨召开的亚太地区特教大会上首次提出的。1994 年联合国教科文组织召开世界特殊需要教育大会，发表了《萨拉曼卡宣言》，对全纳教育发起世界性的动员。

“随班就读”专指在普通学校的普通班级中吸收特殊儿童与正常儿童一起接受教育的具体形式。随班就读在 1988 年的《中国残疾人事业五年工作纲要》中正式以政府文件的形式提出。

“融合教育”是我国香港、台湾两个地区对国际上的“一体化教育”的别称。国际上通称的“一体化教育”，指的是特殊教育与普通教育相互渗透、合二为一的教育理念。

回归主流、全纳教育和融合教育都是一种理念的表述，随班就读原来专指智力落后儿童进入普通学校接受教育的一种形式。这些概念大多数是教育理念，而且都不是针对孤独症教育提出来的。孤独症障碍不同于聋哑，不同于智力落后，也不同于肢体残疾，孤独症最主要、最核心的障碍是儿童的社会功能受到损害，它以孩子交往能力的显著落后为最主要的特征。这种社会性发展障碍的特殊性，决定了它需要不同于其他障碍的特殊的康复教育模式。因此，为了实现孤独症儿童社会功能康复教育的目标，我们需要创建出适合孤独症社会功能康复的教育模式，这就是“孤独症社会融合教育”模式。

“孤独症社会融合教育”解读

我们提出的“孤独症社会融合教育”，和“融合教育”是不同的。它为什么增加了“社会”一词呢?

首先，它强调了社会性教育的理念，强调了社会功能康复的目标，强调了孤独症康复对社会环境的高度依赖，强调了在各种社会环境中的社会交往训练。因此，“社会融合教育”具有特定的内涵，它不再是一种抽象的教育理念，而是以社会性教育理念为指导的、以社会功能康复为目的的、家长和教师都可以实施操作的孤独症康复教育模式。

其次，“社会融合教育”与“融合教育”的外延不同，“社会融合教育”不但吸收了回归主流、全纳教育的思想，不但采用了随班就读的教育形式，更为重要的是，在此基础上，它针对孤独症社会功能康复的需要，扩展了家庭融合、社区融合等教育形式。

总之，“社会融合教育”是在吸收现代特殊教育理论和特殊教育形式的基础上，为孤独症儿童创设的一种适合孤独症社会功能康复的教育模式，因而，它特别适用于孤独症康复教育。

只有“社会融合教育”才更符合孤独症儿童社会功能康复的特点，只有“社会融合教育”才能更准确地概括出孤独症康复教育的本质。

○ “孤独症社会融合教育”的特定含义

第一，“孤独症社会融合教育”有着特指的教育对象。“融合教育”泛指各种类型的特殊儿童，如聋、哑、盲、肢体残疾、智力落后儿童与普通儿童共同就读的教育过程。而“孤独症社会融合教育”专指孤独症儿童（包括类似孤独症儿童）的康复教育，它的教育理念、康复目标、教育训练内容、教育训练方法、教育训练形式，都是围绕孤独症儿童这一具有社会性发展障碍的特殊群体的康复需要而创设的。

第二，“孤独症社会融合教育”有着特殊的康复目标。“孤独症社会融合教育”的核心目标是通过孩子在家庭环境、社区环境、幼儿园环境、学校环境中的教育训练过程，提升孤独症儿童的社会功能，改善孤独症儿童适应社会的能力，让孩子成为具有社会性的社会人，最终实现孩子与社会生活的融合。

第三，“孤独症社会融合教育”包含更广泛的融合场合。孤独症的“社会融合教育”与原来的融合教育概念不同，它不仅仅是幼儿园、学校中的随班就读，它还包括孤独症儿童在家庭生活中的融合教育，在社区活动中的融合教育。“孤独症社会融合教育”涉及与孩子生活有关的众多社会生活领域，涉及各种社会活动，涉及各种社会关系的人群。例如，孤独症孩子在家庭生活中，他们与父母家人之间，与家庭生活的规则之间，同样会表现出排斥与干扰。在社区活动中，他们也同样会表现出与公共规则的格格不入，表现出对人际关系的理解障碍和行为控制障碍。因此，我们可以这样说，只要有正常人群存在，孤独症儿童就会表现出与他人的不相融关系。所以，不能把“孤独症社会融合教育”仅仅理解为幼儿园和学校就读中的融合教育，它涵盖了孤独症儿童生活中能够接触到的任何正常环境、正常人群中的融合教育。

第四，“孤独症社会融合教育”有着丰富的教育内容。它围绕改善孤独症儿童社会功能这一核心目标而构建起丰富的教育内容，包括智力开发、自理能力锻炼、自我意识教育、语言应用训练、人际交往学习、行为规范培养等。这些内容横向彼此联系、融会贯通，纵向由易到难、循序渐进，适用于每一个孤独症儿童社会功能康复的需要。

第五，“孤独症社会融合教育”有着特定的实施者。“孤独症社会融合教育”实施者首先是家长。给孩子创设家庭生活中社会化的人际交往环境，给孩子创设公共场所中学习工具性交往的社会环境，给孩子创设幼儿园和学校随班就读中与同龄人之间的人际交往环境，家长的作用不言而喻。家长不仅仅是各种人际交往环境的创设者，又是“社会融合教育”的操作者、指导者和辅助者。

教师是“孤独症社会融合教育”的又一重要实施者。它既包括孤独症特殊训练机构的教师，又包括普通幼儿园和普通学校的教师，还包括孤独症儿童的家庭教师。随着社会性教育理念的普及，社会功能康复不但会被家长普遍认同，同时也将深入孤独症康复机构领导者和广大教师的心里。有些康复机构已经创造条件，打破了原有的隔离式训练模式，拓展了机构功能，在孤独症儿童的“社会融合教育”上做了大胆的尝试。

具有良好的职业态度和专业素质的特殊机构老师，可以指导孤独症家庭和孩子就读的学校进行“孤独症社会融合教育”。孤独症儿童的家庭教师，担负着孤独症孩子的生活、学习、康复等全方位的管理和日常训练，往往他们集看护、辅助、教育职能为一身，在孤独症儿童的家庭融合教育中，他们是孩子父母最好的助手。在普通幼儿园和学校里，“孤独症社会融合教育”的实施者主要是班主任及各学科的任课教师。

“孤独症社会融合教育”模式，源于对过去、现在实行的中国孤独症康复教育训练方法得与失的比较与反思，源于对中国一批又一批孤独症孩子成功与失败的康复经历的归纳和总结。“孤独症社会融合教育”主张走出隔离教育，通过融入家庭生活、融入社会生活、融入正常人群的教育过程，最终实现孤独症孩子融入社会的目的。“孤独症社会融合教育”提倡强化功能训练，将实用技能、解决问题的能力、适应环境的能力作为教育训练的主要内容，一切为塑造一个“社会人”而努力。

○ “隔离式形式化训练”与“社会融合教育”

时至今日，我国孤独症的康复教育大多还在沿用“隔离式形式化训练”，许许多多的家长把孩子送进与正常社会生活隔离的特殊训练机构，关进封闭式的教室，进行着强化训练。

一个 6 岁的孤独症男孩，虽然训练了很多课时，但只要一上街，就揪扯陌生人的衣服，或者揪女孩子的小辫，别人惊叫、躲闪的时候，他反而异常兴奋地蹦跳起来。每当出门在外，父母总是提心吊胆。每当孩子惹了祸，都是父母低头道歉，听任陌生人的斥责。

一个孤独症孩子从3岁开始，一直不间断地坚持着运动协调性训练，8岁时已经练得肢体灵活、动作协调、体能极好。但是，不管在任何场合，不管在别人家还是在公共场所，只要有家具、窗台、楼梯、护栏等，他就会不顾一切地登高爬低，上蹿下跳。到了大街上，他从来不跟随家长，而是疯狂地在车流中钻来钻去，时常险象环生。父母无限感慨地说："现在，动作倒是发展了，可是越来越不懂事。我越来越追不上他了，真是太可怕了！"

一个七八岁的孤独症女孩经过两三年的强化训练，学会了涂颜色、画图形、连点成线，学会了拍皮球、背古诗、穿珠子、剪纸片……但是，每当父母带她去餐厅吃饭时，一见到别人的餐桌上有饮料，不管是谁的，她抓起来就喝，爸爸妈妈经常向人家赔礼、赔钱。

许许多多的家长百思不得其解："花了那么多钱，花了那么多时间，训练了那么长时间，孩子为什么还是与人发生冲突，与他人不融呢？"

孤独症不是肢体残疾，不是器官残疾，孤独症儿童的障碍是人际关系理解的障碍，是人际交往能力的障碍，是社会功能障碍。总之，它是一种典型的社会性发展障碍，也可以叫作社会功能残疾。众所周知，游泳是在水里学会的，如果不许学游泳的人接触水，他是无法学会游泳的。同样的道理，孤独症的康复，高度依赖正常人际环境，孩子是以正常人为榜样和参照，通过社会模仿而学习接受社会规范，学习理解社会人的正常行为与情感。通过正常社会环境的长期熏陶，孤独症孩子才能最终实现对正常社会生活的适应。正是由于孤独症障碍的特殊性，决定了孤独症儿童的康复训练必须融入正常的人际交往环境，必须融入丰富多彩的社会生活，必须回归普通儿童的主流之中。如果我们指望依靠脱离社会环境的封闭式、隔离式训练，如果我们企图通过简单的形式化、课堂化训练，就能解决孤独症儿童的社会功能、社会适应问题，这只能是我们背离孤独症真相的一厢情愿。每一个长大的孤独症孩子，都会告诉我们这个真理：孤独症的康复走的是社会融合教育的道路。

理解与操作中的误区

“孤独症社会融合教育”对于孤独症儿童的社会性康复到底有多么重要？“孤独症社会融合教育”与其他残障儿童的融合教育有什么不同？“孤独症社会融合教育”应该怎样实施？在这些重要问题的认识上，不少家长和教师的头脑中还存在着这样或者那样的误解。

○ “孤独症社会融合教育”不仅仅局限于幼儿园和学校

有的家长将孤独症儿童的“融合教育”片面理解为让孤独症儿童在普通幼儿园、普通学校里就读。更有甚者，有的家长把孤独症儿童“融合教育”的全部意义理解为“就是让孤独症孩子学会和普通孩子一起玩”，因为在一些家长看来，“除了‘和普通孩子一起玩’，孤独症孩子在其他环境、在其他方面都不需要融合教育，因此，除了幼儿园和学校，其他场合也谈不上什么‘融合教育’”。

上幼儿园和普通学校只是“孤独症社会融合教育”的形式之一。如果狭隘地将“孤独症社会融合教育”仅仅理解为幼儿园融合教育和普通学校融合教育，那就会造成两个问题。第一，没有条件进入幼儿园和普通学校的孩子，家长就会误以为自己的孩子和“社会融合教育”无缘，误以为只有程度好的孩子才谈得上“社会融合教育”，自己只能“望融合而兴叹”了。这样一来，家长很可能连孩子的家庭融合教育、社区融合教育也一起忽略。第二，如果孩子能够进入幼儿园和普通学校，家长又会以为“孤独症社会融合教育”只是幼儿园和学校的事，“融合”就靠幼儿园和学校，孩子回到家以后就和“社会融合教育”没有关系了。这两种理解都存在误区。

家里来了一个小客人，母亲给了小客人一个苹果，孤独症小主人上前夺过小客人手里的苹果，并且将小客人推倒在地，然后自得其乐地跑开了。这一举动显然和正常的人际交往规范格格不入，在家庭生活中，难道不需要孩子与他人的融合吗？

一个孤独症少年情绪发作的时候，在路边看到商店里的商品，上前就抢，迫不及待地将商品摔在地上，这是正常社会生活能够容忍的行为吗？理解商店中商品的概念，控制自己的情绪，调节自己的行为，使自己的行为符合社会规范的要求，这种在公共场合的“社会融合教育”，会有哪一个孤独症孩子例外吗？

其实，针对孤独症儿童的“社会融合教育”，贯穿于孩子活动的任何场所的任何人际交往情景中，因而，它是适合任何程度的孤独症孩子的康复模式。孤独症孩子从来就没有要不要“融合”、能不能“融合”的问题，只有“在哪里教育孩子融合”“教育孩子与谁融合”“怎样让孩子和环境、和他人融合”的问题。越是孤独症障碍严重的孩子，越要进行“社会融合教育”，因为程度“严重”意味着孩子与环境之间的排斥越严重。对社会性障碍严重的孤独症孩子的“社会融合教育”，其目标可以定位在使他们与他人和环境之间的排斥关系逐渐改善为平行关系，对其“社会融合教育”的形式，主要是家庭融合、社会生活融合。而中度、轻度社会性障碍的孩子，其“社会融合教育”的目标，应该定位在使他们与他人、与环境之间发展为融合关系，其融合教育的形式既包括家庭融合、社会生活融合，还包括幼儿园融合、学校融合。

○ “孤独症社会融合教育”不等于特殊儿童的集体教学

如果只把“孤独症社会融合教育”作为一种“时尚”，那就与其本意相去甚远了。确实，很多家长在孩子进入特殊机构训练两三个月以后，马上就看到了隔离式、形式化训练的局限性，很快就悟出了实施“融合”的价值，特别是程度好的孩子，家长对“融合教育”的选择倾向尤其显著。当“融合教育”成为一个可以让家长动心的概念时，“融合教育”也就成了某些“特殊教育工作者”可以做文章的“卖点”。

“融合”的含义本来是用强势的正常社会群体的社会文化，去“融化”“溶解”少数孤独症儿童的非社会性特点，如果把20个孤独症孩子集合在一起上集体大课，那并不是“孤独症社会融合教育”。“孤独症社会融合教育”不是“许多特殊儿童的集合”，不是“特殊儿童的集体教学”，“孤独症社会融合教育”是要利用正常社会群体的示范作用，给孤独症孩子提供正常的人际关系场所、提供正确的行为模仿榜样，促进孤独症儿童社会功能的改善。所以，“孤独症社会融合教育”要求“正常”与“特殊”的比例至少要达到8 ∶ 1，孩子的年龄越小，正常儿童的比例要求越高。因为低于一定的比例，没有足够的强势的示范作用，不足以影响孤独症儿童。孤独症儿童“社会融合教育”有自身的基本范式，并不是隔离教育的改装。另外，“孤独症社会融合教育”的效果，是在日积月累中潜移默化发生的。“孤独症社会融合教育”不能“集训”，不是“速成”。短训式“融合”，不符合“孤独症社会融合教育”的规律，因为社会功能的提高需要教育效果的积累。

“孤独症社会融合教育”不等于混合教育

普通幼儿园和普通学校教育是“孤独症社会融合教育”的重要组成部分。当今随着全社会对特殊儿童接纳程度的提高，特别是在国家融合教育政策的推动下，已经有为数不少的普通幼儿园和学校接收了孤独症儿童，但大多数幼儿园、学校接收孤独症学生以后，缺乏针对性的教育干预措施。孤独症儿童社会性康复是通过有计划、有目的的教育干预，通过在普通教育环境中给予孤独症学生特殊辅助来实现的，并不是只要让孤独症孩子和正常孩子简单地混合在一起，他们自然就能够提升社会功能，就能提高社会适应能力。决定“孤独症社会融合教育”效果的必要条件是：在正常人的学习环境中，还必须给予孤独症孩子特殊的个别辅助，没有个别辅助措施，就难以避免有些幼儿园、学校的融合教育变成“混合教育”。“简单混合”的结果，可能会导致孤独症孩子出现社会性发展的停滞。

“融合”与“混合”是两个截然不同的概念，“孤独症社会融合教育”有融合教育的目标，有融合教育的计划，有融合中的个别辅助。从这个意义上说，“孤独症社会融合教育”是将特殊教育放在开放的正常环境中的教育。

在水中学会游泳："孤独症社会融合教育"的必然道路

○ 我们应该教孤独症孩子学会什么

为什么"孤独症社会融合教育"是一个最适合社会性康复的教育模式呢？这要从孤独症的主要障碍——社会功能障碍、关系认知缺陷、自我意识异常——说起。

不是动作不协调，而是"社会功能"不协调

孤独症孩子显然在很多方面存在异于常人的表现，比如，他们身体懒散、无力，动作协调性差，目光涣散而游离不定，不能按照人们的需要保持对一个目标的持续注意，他们对某种环境、某种刺激过度敏感而恐惧不已，他们发音不清晰、不会使用疑问句，让他们懂得数量关系非常困难，等等。于是，针对孤独症儿童的康复训练，往往只关注一些具体的问题，训练一些单纯的技能，其结果往往是在技能的掌握上、在局部问题的改善上，孩子能够取得一些成效，但在社会功能的整体提高上，往往效果非常有限。

一个原来不会拍球的孩子，通过训练可以将拍球技能掌握得炉火纯青，却不能与同伴合作，不能按照规则把球传递给伙伴；一个有"书法家"称号的孤独症少年写得一手好字，让人们赞叹不已，陌生人的一句话却会让他轻易地跟随其后走出很远很远，而不知道这对自己的安全意味着什么；一个英俊的孤独症少年在为观众"演奏"了钢琴以后，听到观众热烈的掌声，少年的眼中满是茫然与不解，母亲发出了"鞠躬"的指令后，他不是面对观众，而是转身对着母亲做出了鞠躬的动作，然后舞动着双手，目中无人地沉浸在自我世界之中……

这不得不让我们深思：看起来孩子学会了很多很多，但是依然孤独不改，这是为什么呢?

孤独症到底是什么？孤独症患者的类型、程度各有不同，但不管他们之间看起来有多少不同之处，“社会性发展障碍”是他们的共同特征。这一障碍，导致他们在对人与人关系的认知、理解、把握和调节上出现了不同程度的困难。他们缺少与人沟通、交往的兴趣和能力，难以理解和遵守人际交往规则，时常无法控制自己的情绪和行为，他们甚至几乎丧失了人类特有的高级情感体验，不能与他人建立情感共鸣与分享。正是因为这样，他们才很难被他人和群体接纳，一个未经社会性教育开发的重度孤独症患者，让人们看到的几乎就是一个自在状态的生物人。

找不到症结所在，就难以做到对症下药。那么，我们到底应该教什么？到底孩子学会什么才能远离孤独呢?

一个9岁孤独症男孩的母亲，希望孩子听从自己的安排，每周去体育馆学习一次滑冰，遭到孩子的抗拒。每次母亲都会想方设法哄劝孩子，孩子则极不情愿地服从着母亲的指令，滑冰在母亲的挫败与孩子的对抗中勉强维持。当问及母亲：“为什么你非要强迫孩子去学滑冰不可呢？”母亲颇有道理地回答：“他的动作不协调，滑冰是为了训练他的运动协调能力。”

我们不禁要问：如果孩子的运动协调性好了，他就不孤独了吗？我们可以看到无数一生连滑冰鞋都没有穿过，但是社会功能发展良好的个体；同样，我们也可以找到在游泳、滑冰、骑车等运动项目中运动协调能力很好，但是依然自闭的孤独症患者。孤独症患者的本质是运动不协调，还是社会功能不协调呢?

一个“去体育馆滑冰”的活动，到底具有哪些社会功能训练的价值呢？参与滑冰前的物质准备过程，可以训练孩子做事的计划性；了解用什么方式、乘坐什么交通工具、怎样去运动场，可以使孩子积累社会常识，且训练孩子做事的灵活性；认识滑冰场的环境、建筑、功能等，比较滑冰场和其他社会场所的相同和不同，可以训练孩子的比较概括能力；认识自己在运动场里的社会角色，知道自己的角色行为规范，学会与运动场里的人礼貌相处，可以训练孩子的人际关系认知；懂得滑冰场有哪些规矩、规则，知道自己应该怎样保管自己的财物，知道如果别人拿走了自己的东西该怎么办，可以训练孩子的行为规范，培养自我意识，培养解决问题的能力；了解滑冰场怎样收取费用，学会应该怎么支付费用，理解到运动场滑冰为什么要付钱，可以使孩子积累社会经验……

如果一个孤独症孩子具有这些社会功能，那不是比学会滑冰本身的意义更大吗？如果孩子学会了这些社会常识，学会了这些社会交往技能，那么，孩子会不会滑冰还重要吗？孤独症康复教育中的任何活动，都只是孩子学习社会交往的载体。追求“动作协调训练”而忽略了“社会功能训练”，如此本末倒置，这是很多家长走过的曲折道路。

致命的“人际关系”认知缺陷

实现孤独症独特的社会功能康复，我们必须教会孩子什么呢？

父亲领着6岁的孤独症儿子到朋友家做客，一进门，孩子径直朝桌子上的一瓶可乐奔去，手疾眼快，拿起来就要喝，父亲紧随其后，拉过儿子，从儿子手中夺过可乐，放回桌子上，儿子挣脱开父亲，瞬间又抢过了可乐，父亲再度夺回，儿子执着地又一次伸出手……

这一场景让我们确信，这是孤独症孩子和父母之间的一个常见的“互动”，它绝不仅仅发生在这对父子之间。孩子渴了，他要喝掉眼前这瓶饮料，喝了就不渴了，因而他执着地反复去拿那瓶可乐，难道孩子错了吗？但这是在朋友家里，不是在自己家里，这是主人的东西，需要主人同意以后才能喝，所以父亲反复地阻拦自己的孩子，难道父亲错了吗？

认知训练通常是孤独症康复训练的重中之重，但社会认知程度才直接关系到孩子的社会性发展水平，它是社会情感和社会行为的基础，如果孩子没有对人与人之间关系的正确认知做基础，那么，希望提高孩子的社会性，就如同筑建空中楼阁那样荒唐了。

“可乐是棕红色的液体，味道甘甜”，孤独症儿童的认知难点，并不发生在对可乐的这些物理属性的认知上。“可乐是放在瓶子里的，瓶子是用来装可乐的；瓶子放在桌子上，桌子上面放着瓶子”，如此认识瓶子和可乐、桌子和瓶子几个物品之间的关系，对孤独症孩子来说似乎也比较简单。“人渴了可以喝可乐，可乐是让人喝的，喝了就不渴了”，认识这类物品与人之间的关系，孤独症孩子也是能够学会的。这个孩子正是基于对人与可乐的这种关系的认识，才会去拿眼前的这瓶可乐，就人与可乐之间的功用关系的认知而言，这个孩子是没有错误的。

但是，这瓶可乐凝集了人的社会劳动，享用可乐的前提是通过支付自己的劳动（钱币）实现可乐所有权的转移。在社会生活中，这一关系已经不是简单的“人可以喝可乐，可乐是给人喝的”的关系，而是需要理解享用可乐的人与可乐所有人之间的人与人的社会关系，对于这层关系的理解恰好是孤独症孩子最致命的弱点。何况，亲友之间并非一定是以钱币易物，更多的时候是可以用与钱币等价的其他形式的交换获得可乐所有权转移的，这种隐性的交换，让孤独症儿童理解起来难上加难。

孤独症孩子在非人际关系认知上也有困难，显然，他们对人与人之间关系的认知困难，要远远大于他们对物与物之间关系的认知。我们知道孤独症康复的意义恰在于教孩子对人与人关系的理解、把握和调节，毫无疑问，这个父亲对孩子行为的调节是没有错的，但问题是，如果不从人与人之间关系认知的角度取得根本性的突破，即便这样的抢夺在父子之间再发生一百次，孩子也是知其然，而不知其所以然。对于隐藏在这瓶可乐背后的人与人之间的关系，孩子仍然不得其解。

任何一个行为，本身无所谓对与错，所谓的“对”与“错”，是看行为相对于什么样的人物关系、什么样的人际环境而产生的。同样的一个行为在一种情境中是被允许的，而在另外一种情境中是不被允许的。而“情境”又是什么呢？情境的不同，其实就是情境中的人物关系不同，我们不是单纯要改变孩子的行为，而是要建立孩子对情境中人与人之间关系的认识，这是建立正确的社会行为、社会交往的根源所在。翻包的行为如果是在家里，如果是妈妈的包，就可以翻；如果是在外面，如果是别人的包，那就不能翻。如果是在自己家里想喝饮料，无论饮料在什么地方，都可以找来喝；如果是在别人家里做客，即便饮料摆在面前，也需要征询主人的同意。我们要教孩子的是对人与人之间关系的认知。

孤独症的认知特点恰好是在“关系思维”上出现了严重的障碍，他们在认知上的兴趣畸形、动机空白、单维扫描、片段思维的特点，给他们认知人与人的关系造成了极其严重的影响。理解关系，理解人与人之间的关系，这是每个孤独症孩子社会性康复的必修课。

从“孤独的我”到“社会的我”

孤独症儿童的“我”，是一个“孤独的我”，而不是与他人联系的“社会的我”。孤独症将“我”封闭在与世隔绝的世界里。他们的躯体有着自己独特的感觉，他们的内心有着自己独特的体验，他们对事物有着自己独特的理解，他们对于世界有着自己独特的兴趣……如此极端地“超凡脱俗”，酿成了孤独症患者不识人间烟火的悲哀，真的如同天外来客，使他们不解“人”为何意。他们于封闭中自我陶醉，似乎本能地保持着与正常人的距离，在彼此的交流与沟通中，似乎中间永远有一道看不见且难以跨越的屏障。原本活在因群居而联系起来的社会中，他们却难以理解“我和别人有什么关系”。

客观上，一个孤独症患者必定生活在人与人的关系中，生活在“我”与别人的关系中，但只有主观上认识到这种人与人的关系，并使自己的行为符合各种关系的规范，他才是一个社会的人，而非孤独的人。孤独症康复，意味着孤独症患者要实现跳出“孤独的我”，走向“社会的我”的飞跃，而这一飞跃的实现，靠的是孤独症孩子对于关系认知的突破，靠的是自我意识的觉醒。

“自我意识”要求孩子回答“我是一个什么样的人”，回答在人群中“我是谁”“我和别人是什么关系”，回答“我想成为什么样的人”……自我意识，是一个人将自己作为认识对象，把自己放在自己和别人的关系中产生的自我认知，是“我”对“我”的认识。“我”是认识主体，又是认识客体，“我”在“我”之内，又在“我”之外。“我”是相对于“你”和“他”而存在的，没有“你”，没有“他”，就没有“我”。“我”不是一个孤立的“我”，“我”在与别人的关系之中。在人与人的关系中，“我”才有“我”的角色。“我”想成为别人喜欢的“我”，“我”才能有主动的“自我控制”。“我”，因为对自我形象的追求而建立起了自尊；“我”，因为自我能力感知而建立起了自信……这一切都源自一个人能够将自己与别人联系起来，这一切都是建立在一个人能够将自己的行为和别人对自己的评价联系起来的基础上。有了自我意识，“我”不再是自闭的“我”，不再是孤立的“我”，而是一个和其他人联系在一起的“我”，即真正意义上成了一个“社会的我”。

“孤独的我”与“社会的我”并非概念之差，实在是天壤之别。多么难能可贵的“社会的我”，这是孤独症孩子从自在状态向自为状态的飞跃，这是一个生物人向社会人的飞跃。自我意识的成长在孤独症康复中的核心地位不容置疑，如果孤独症的康复以社会功能水平为衡量标尺，那么，衡量社会功能状态最重要的指标，就是人的自我意识的发展水平。离开了“自我意识”的构建，人就如同失去了社会人的神经中枢。

……

“社会功能”“关系认知”“自我意识”，离开这些概念，孤独症的康复无从谈起。如果要康复，那就必须在这些问题上取得进展。而这些任务看起来如此之难，孤独症孩子有可能突破吗？怎样教，孤独症孩子才能获得社会人的社会功能呢？

○ “人际关系”是在人际关系中学会的

关系、关系，还是关系，归根到底，社会是由人与人之间的关系构成的。孤独症儿童“主观拒绝”对人与人关系的认知，他们不知道自己和他人、和群体是什么关系，不知道自己的行为对自己、对他人、对群体有什么影响。不在社会关系认知上获得改善，再努力训练其他东西，孩子也与康复无缘。“关系”应该怎么教呢？

是“孩子学不会”，还是“我们没教对”

“人际关系”，说起来多么复杂、多么高深，孤独症孩子可以学会吗？不少家长认为“我的孩子程度差，我的孩子不是高功能，所以，学不会人际关系”。

一个 14 岁孤独症男孩，妈妈坚持不懈好几年，花费重金请专业教师教孩子弹钢琴。但是，这个男孩却不知道看护自己的物品，放学回来，新买的文具被同学用一个破旧不堪的文具盒调换了，他却没有提出任何疑义，也不能向家长转述、告状。

一个孤独症孩子从 3 岁开始，一直坚持运动协调性训练，8 岁时体格健全、肢体灵活、动作协调、平衡能力极好。但是，到任何场合，不管在客人家还是在公共场所，只要有家具、窗台、楼梯、护栏等，他就会不顾一切地爬上爬下；到室外公共场所，他从来不跟随家长，在建筑、车流中钻进钻出，时常会冲撞到路人。父母无限感慨地说："与其这样，还不如他的动作笨拙一点儿，跑得慢一点儿，现在，动作倒是发展了，可是社会性没有同步发展，孩子的能量越来越大，我越来越追不上他了，真是太可怕了！"

试想，假如那位妈妈能像教孩子弹奏钢琴一样，用心思、用力气教孩子"我的东西"的概念，教孩子理解物品和自己的关系，懂得看护好自己的东西，孩子真的就学不会吗？假如那位父亲能够像训练孩子肢体协调性一样，不间断地教育孩子学习认知各种社会场所，认识各种场所中的人物关系，认识各种场所中的行为规则，孩子真的就学不会吗？

这是父母在孤独症教育训练中犯的战略性错误，即训练没能对症下药，做了很多和社会功能没有关系的训练。因为教育者的方向偏差，导致了社会性教育的功夫没有下到，因为训练累积的数量不够而导致很多孩子本来可以学会的人际关系却没有学会。这不是孩子学不会，而是我们没有教对！

一个 8 岁的孤独症女孩，在学校里把其他同学的橡皮带回了自己家里，理由是她认为这是她自己的橡皮，因为它们的样子一样。同样，看到哪个阿姨穿了和妈妈一样的裙子，孩子就会说："阿姨穿我妈妈的衣服。"妈妈在孩子的橡皮上写了孩子的名字，告诉孩子："只有写着你名字的东西才是你自己的，没有写你名字的东西就是别人的。"妈妈以为这样就教会了孩子区分"自己的东西"和"别人的东西"。

"自己的"和"别人的"到底区别在哪里呢？是区别在有无自己的名字上吗？如果是，那么孩子是否可以理解为只要把物品写上自己的名字就是自己的呢？是因为“写上名字的才是自己的”，还是因为“是我自己的，所以才要写上自己的名字”呢？

一个6岁的孤独症女孩，喜欢摘别人的眼镜，与别人面对面的时候，冷不防会取下对方的眼镜，而孩子做出这个动作的时候，并不考虑自己和对方的关系，不知道亲人、熟人、陌生人之间的区别，当然也就不明白对和自己不同关系的人可以做什么、不可以做什么，也不考虑自己的行为对方喜欢还是不喜欢。对这个行为，母亲的处理方法是：估计孩子有可能发生这个行为的时候，赶快拦截，或者拉开孩子，或者告知对方避让孩子。但孩子的动作常常出其不意，令人防不胜防，经常给母亲带来尴尬。

其实，只要将思维方式调整一下，我们就会发现，对孩子来说，这是一种合情的反应，但是对他人来说，这是一个不合理的举动。我们要做的不是让孩子取消这个行为，而是让不合理的行为合理化。可以告诉孩子，想摘别人眼镜的时候，问一问：“阿姨，我可以看看你的眼镜吗？”阿姨同意了再拿。根据这个孩子的程度，利用情境中的示范、辅助、强化，时间不长，孩子就学会了这个合理行为。

这不禁让我们思考：应该怎样教会孤独症孩子建立物品所有权的概念呢？对于孤独症孩子违背常规的交往行为，应该怎样把它变得合情合理呢？如果我们教育的方法不正确，怎么能够说孩子学不会呢？让孤独症孩子按照正确的方式交往，到底是孩子学不会，还是我们自己没有教对呢？

一个6岁的孤独症男孩，经常产生莫名其妙“招惹”他人的行为，或者动手打人，或者抚摸别人裸露的皮肤，或者揪女孩子的小辫，别人惊叫、躲闪的时候，他反而异常兴奋地蹦跳起来。招惹的对象有时候是儿童，有时候是成年人，既有熟悉的人，也有陌生的路人，每当出门在外，父母的看护负担非常重。但是，每次孩子出现问题以后，都是父母低头道歉，甚至听任对方斥责，花钱赔礼的事情也常有发生，而孩子对自己的行为不必承担任何后果。如此这般，不要说一个孤独症孩子，就是一个正常的成年人，没有代价的错误能够顺利地改正吗？是教育者违背了行为矫正的基本原则，又怎么能抱怨孩子学不会呢？

孩子是否孤独由天定，而孩子能否康复在人为。假如因为我们“没有教对”而导致孩子“没有学会”，这给我们、给孩子一生所留下的，恐怕就不只是“遗憾”两个字了。

“人际关系”是在人际关系中学会的

游泳是在哪里学会的？这似乎是一个可笑的提问，因为人们都知道游泳是在水里学会的。一个人学游泳，无论他对游泳的原理、规则认识得多么清楚，无论他在岸上做出的动作多么标准，都不能替代他和水之间的真实的相互作用的过程。不到水里去实践，游泳的原理就失去了真正的意义；不到水里去实践，就永远学不会游泳。

这个生活中的简单道理，会给孤独症孩子的康复带来哪些启发呢？

孤独症孩子的康复只有一个检验标准：改善社会功能，以实现他们对社会生活的适应。换句话说，就是要让孩子学会在社会生活中“游泳”。那么，我们怎样实现这个目标呢？如果我们离开社会生活本身，而让孩子学习提高社会适应能力，就如同让一个人在沙漠中学会游泳一样荒谬。游泳是在水中学会的，孤独症儿童的“人际关系认知”是在哪里学会的呢？当然是在他与人交往互动的过程中学会的。

人际关系体现在哪些方面？回到家中，有直接血缘关系，各种远近亲属关系；居住社区，有街坊邻里关系；进入幼儿园、学校有同伴、师生关系；商店、餐厅、理发馆，有服务员和顾客的关系；公共汽车上有司机和乘客的关系；医院里有医生和患者的关系；走在路上，也有陌生人和自己的关系，有行人之间的关系……假如我们将孤独症孩子与生活隔离开，然后又要让孩子去认知各种人际关系，只寄希望于隔离式的形式化训练去实现孤独症孩子社会功能康复的目的，这如同让孩子离开水学会游泳一样不可思议。

孤独症康复绝对不能局限于隔离式的形式化训练！

形式化训练和社会生活中的实际应用之间存在着一定的距离，它需要通过一个关键的迁移环节——向生活应用的转化，如果没有这步关键性的转化，形式化训练未必带来社会功能的提高。孤独症康复教育可以以课程训练为出发点，但必须以生活应用为落脚点。教一千、练一万，孤独症教育归根到底是为了提高孩子在生活中解决问题的能力。

当然，课堂训练既可以是形式化内容，也可以是功能性内容，功能性训练的效果要优于形式训练。当然，如果能够直接在生活中训练孩子解决问题的能力，那会取得更佳的康复效果。

○ “社会功能康复”切忌舍近求远

是否可以将“课堂训练”与孩子“解决问题能力”的提高，将“课堂训练”和孩子对“社会生活适应性”的提高在同一过程中完成呢？我们举例说明。

让孩子自己喝到水

训练目的：让孩子自己为自己做事情——打开封闭的水瓶喝到水，提高孩子解决实际问题的能力。

比较两条不同的路径。

第一条路径

第一步：孩子产生了喝水的需求。

第二步：教孩子认识水，认识瓶子和水的关系（水装在瓶子里），认识水和解除口渴的关系（因为渴了，所以要喝水）。

第三步：一个现实的问题摆在面前——打开瓶子才能喝到水。这对孩子来说可能比较困难，需要孩子动手操作以后才能实现喝到水的目的。

第四步：孩子不会操作，我们反复给孩子做出示范，用动作、语言辅助孩子，让孩子关注、模仿我们的示范，经过自己的操作，最后打开瓶子。

第五步：孩子喝到了水。

分析：

这个训练过程的特点是，孩子有真实的生理需要，有动手打开瓶子的内在动机，孩子动手打开瓶子和满足自己的需要之间具有直接的因果关系，这个关系是孩子能够理解的。在教会孩子打开瓶子的过程中，可以应用分解、示范、辅助、强化等行为塑造的手段。孩子动手操作的最终结果是瓶子打开了，自己喝到了水，这一结果自然就强化了孩子动手的行为。从社会功能上讲，孩子的自理能力得到了提高，自己满足了自己的需要，这不是一个形式性训练，而是对孩子的生活具有实际价值的功能性训练。

第二条路径

第一步：在桌面上训练孩子完成各种手部精细动作，比如用一根线串联若干个小珠子，反复在游戏板上拧上螺丝钉等。

第二步：孩子对训练活动没有兴趣，配合度差，因而成人需要使用强化物刺激孩子维持训练。

第三步：生活中孩子产生喝水的需求。

第四步：孩子不会打开瓶盖，无法喝到瓶子里面的水。

第五步：大人反复给孩子示范，使用动作、语言辅助，让孩子将课堂训练中形成的手部精细动作的技能迁移至拧开瓶盖这个实际问题的解决中去。

第六步：孩子模仿成人，手眼协调，打开了瓶盖。

第七步：孩子喝到了水。

分析：

这条路径从手部基本功训练起，终点也是让孩子自己动手操作解决一个实际问题，但是在起点和终点之间，显然增加了一个迁移和转换的环节。

为什么要练习串珠子呢？孩子无法理解基本功训练和解决问题之间有什么关系，不但孩子不能理解，很多时候，作为训练者的教师、家长本身也不能建立两者之间的关系，不知道为什么让孩子练习形式化的精细动作。正因为起点的形式训练和终点的问题解决之间环节增加、路径延长，孩子看不见训练和应用的因果关系，所以对形式训练的意义不能理解，对训练没有动机和兴趣，不得已，训练过程中只能用人为附加强化物的方式维持训练，想方设法去诱导，甚至有时候不得不强制孩子。延长路径，增加迁移环节，对孤独症儿童的训练效果是非常不利的，因为孩子原本就存在迁移困难，所以所有的训练和解决问题之间，应该更加直接为好，而不是相反。

还有更为严重的问题，是这个路径的起点和终点往往得不到完整的贯通，老师完成了形式化训练，家长在形式化训练完成以后就停滞不前，形式化训练的效果并没有转化成孩子的生活能力。孩子在形式化的精细动作训练上花费了很多的时间和精力，虽然各种精细动作显示出了训练有素，但这些被训练出来的动作，对于孩子解决问题并没有实际的帮助。我们没有给孩子的训练找到归宿、找到目的，我们以为训练就是训练，孩子的任务是训练，孩子的实际问题反倒都是由家长来解决的。这种训练的错误在于，形式化训练的内容与孩子解决问题的能力之间人为地割裂了。

所有的训练都要服从于一个总目标——孩子社会功能的提高，这个目标应该统率所有的训练，所有训练都应该为这个目标服务。根据孤独症孩子的思维能力受损、迁移能力很差的认知特点，为了提高训练的效果和效率，我们应该尽可能地直接训练与实际生活密切相关的实用能力，避免舍近求远。其实，如果一个孤独症孩子能够灵活地用自己的手完成系扣子、用筷子、用剪刀、写字等实际动作，那么，他是否会做形式化的手工作业，无关紧要。

要培养孩子的应用能力，应该怎样做呢？再举一例。

让孩子找卫生间

训练目的：提高孩子的语言表达能力，让孩子使用语言解决一个具体问题。

第一步：在陌生环境里孩子产生了小便的需求。

第二步：告诉孩子解决大小便需要找到卫生间，一般情况下，除了卫生间，其他地方不可以大小便。

第三步：当下没有卫生间，告诉孩子在陌生环境里找到卫生间的办法是通过语言交流——询问知情人。

第四步：反复给孩子示范如何使用语言向他人提问，获得卫生间位置的信息。

第五步：带领孩子按照得到的信息提示找到卫生间。

第六步：在卫生间里让孩子解决小便，用这一结果强化孩子理解语言的功能。

分析：

这个训练的特点是，在生活中孩子遇到了一个问题，孩子有真实的生理需求。这个问题不是大人假设的，是真实的，是孩子必须解决的，孩子具有解决问题的动机。

解决这个问题需要一个前提条件，那就是找到卫生间的位置。怎样才能找到卫生间呢？在陌生的环境里，可行的方法有两个：第一，看路标提示，按照路标的提示寻找。第二，向别人询问，得到关于卫生间位置的信息。使用语言交流，在这个情景中成为一个解决问题的必要环节，问别人和不问别人的结果显然不同，这是孩子可以亲自感知的。

语言在这里名副其实地成为一种工具，孩子要做的是通过使用语言，实现找到卫生间的目的。而在实际情景中，怎样说话要符合大众约定俗成的规则，自己说的话必须让对方听明白，眼神注视必须符合常规，自己也必须听懂对方的语言。如果孩子违背了这个要求，交流则无法顺畅进行，那么，结果是不知道卫生间在哪里，不能解决小便问题。所以，这个时候，孩子需要被迫、但又必须遵守交流规则。

从开始给孩子示范，到辅助孩子询问，到孩子独立完成询问，孩子的交流水平会越来越接近社会常规。找到了卫生间，这个结果会强化孩子的语言交流，从而也让孩子理解语言的用途。

在解决问题的情景中训练语言的使用，有几个明显优势：

第一，回归交往的真实目的，理解语言的真实意义。交流是为了获得信息，信息是为了解决问题。因果关系非常明确。

第二，将语言训练与语言应用合为一体，在应用中训练，在训练中应用。中间不需要训练向应用的转化过程，减少了孤独症儿童语言学习的困难，使孩子直截了当明确语言的作用。应用语言交往的结果也是物质的、直观的，适宜孩子的理解能力。

第三，使用语言交往以后获得的信息，和孩子满足生理、心理的需求密切关联，问题得到解决的结果本身，是对语言交往行为的最好强化。

第四，真实的情景中的交往，更有利于培养孩子摆脱自我中心、站在对方角度思考的思维方式。因为交往对象不是游戏中虚拟的，利用游戏情景训练合作与交往，更多的是站在孤独症孩子的角度，通过教学环境、教学人员的调整和改变去适应孤独症孩子的能力，而真实情景中的语言应用，更强调的是改变孩子，促进孩子适应环境、适应交往对象。

第五，将孩子置于真实的交往情景中，孩子出现哪些不适应，欠缺哪些方面的能力，我们马上可以得到最真实、最直接的反馈，根据孩子存在的问题再继续进行训练，使训练为应用服务。

当然，特别需要注意的是，在真实情景中让孩子学习语言交往，一定要辅助到位，复杂问题要分解，要给孩子示范，让孩子进行模仿，交往成功以后，让孩子体验自己的能力、体验成功。这就是康复训练的功能化、生活化。

真实的语言交往是否成功，是看交往对象是否听懂了，交往对象是否满意，以交往目的是否达到为检验标准。在我们给孩子设计的语言训练中，我们许多时候迁就孩子的表达方式，孩子也误以为自己表达的是正确的，然而，一到真实交往情景中，换了其他交往对象，孩子与他人的交往还是无法顺利地建立起来。同时，因为我们的迁就，也使孩子迟迟不能摆脱以自我为中心的思维方式，让孩子迟迟不能理解语言交往的真实作用。

我们在形式化的语言训练中可能会花费高额成本，但语言训练仅仅停留在“训练”阶段，而在应用时成人替代孩子说话的现象则比较多。我们一方面期待着孩子交往，另一方面又剥夺了孩子应用语言实现真实沟通的机会。从语言的形式训练到语言的实际应用之间，如果不能贯通到底，那结果就是我们在形式训练上下足了功夫，但是孩子仍然没有形成使用语言解决实际问题的能力，在遇到实际情景的时候，我们还要重新去教，岂不是舍近求远吗？

“把生活还给孩子”：“孤独症社会融合教育”的操作

“孤独症社会融合教育”的实施战略是将孤独症儿童的社会功能康复寓于正常的社会生活中，寓于正常的人际交往环境中，在社会生活中发现、利用孩子的内在需要并作为推动力，有意识地抓住情境、利用情境、创设情境，在情境中通过各种辅助手段，让孩子去解决各种实际有用的问题，以解决问题的结果对孩子进行自然强化，从而提高孤独症孩子对人与人关系的认知能力，提高孩子对社会环境的适应能力，以达到改善孩子社会功能的目的。

○ “孤独症社会融合教育”的操作方法

生活中的动机、情境和解决问题

动机

“孤独”是孤独症孩子对社会生活的拒绝，他们没有普通孩子对物质世界的好奇心，更缺少对人类正常生活的参与欲望。因此，内在动机的缺失是孤独症康复教育面临的首要障碍。孩子自身没有走出孤独的内在驱动力，因而就需要高强度的外在强制力去拉动孩子配合、参与训练。我们在训练中使用强化物，是为了缓解孩子对训练的抗拒，增强孩子的配合、参与度。对强化物的渴求，实际上是我们给孩子“制造”出来的“训练动机”，而不是孩子的“生活动机”。

对孤独症孩子教育的思路应该是充分地发现、利用他们生活中本来就存在的动机作为最好的推动力，在孩子有生活需要的时候及时给予示范、辅助，这是最好的办法。在生活动机的驱动下完成任务，这一过程既是训练过程，又是生活本身；既是训练过程，又是训练目的。训练与生活合二为一，过程与目的合二为一。这种生活中的训练直截了当，又是最符合孤独症儿童理解能力的训练。如果我们在生活中剥夺孩子的动机，时刻让孩子丰衣足食，时刻让孩子处于动机饱和状态，然后再人为地制造动机去训练孩子，这无疑增加了孤独症康复训练的困难与曲折。

情境

具体情境是支持孤独症孩子理解问题的必要条件。让孤独症孩子理解抽象的“关系”，不是靠语言，而是靠物质性的、直观性的动作操作来实现的，这是孤独症儿童长期停留在动作思维阶段的认知特点所决定的。也就是说，所有的“关系”认知，我们不能给孩子“讲”明白，而要立足让孩子“做”明白。关系是抽象的，但是情境是具体的、形象的、真实的、物质的，离开情境，无法想象孩子怎样理解抽象的“关系”。

我们为了攻克孤独症儿童的交往障碍，确实想了很多办法，虚拟了很多情景，但我们忘了最有价值的训练情境就在生活当中。在虚拟情境中训练出来的能力，需要向解决生活问题迁移，因为延长了孩子“学”和“用”之间的路程，这不是简化，而是增加了孤独症孩子学习的环节和困难。孤独症孩子更适宜在生活情境中直接学习。

所有孤独症孩子的语言表达都有自我中心化现象，有的孩子六七岁了，使用语言简单，不会提问，不会使用代词，更不会转述等，语言滞后是让每个家长头疼的大问题。怎样训练孩子的语言呢？

爸爸和孩子商量好，星期天带孩子去奶奶家，这是孩子期待已久的。当爸爸领着孩子走到汽车前的时候，告诉孩子，爸爸下楼忘记拿车钥匙了，要求孩子回家和妈妈要车钥匙。

这是生活的真实场景，但又是爸爸设计的训练，孩子如果不能完成这个转述，显然去奶奶家的计划就没有办法实现，这个因果关系是非常明白的。开始时，孩子并不能独立地完成转述的全过程，必须将任务分解为回家、敲门、告知母亲、拿到钥匙、返回、交给父亲等几个环节，如果孩子能力差，可以将每个环节再分解。

于是，我们看到这样的公式：出现生活情景（去奶奶家）—提出真实的问题（没有车钥匙）—必须解决问题（回家转述）—实现了转述的目的（拿到钥匙）—对孩子转述成功的强化（可以开车去奶奶家）。只有给孩子转述的动机，只有转述是解决问题的必要环节时，孩子才能够理解转述是否成功会带来两种截然不同的结果：能去奶奶家，或者不能去奶奶家。在这种物质性的操作中，孩子理解了语言的作用，学会了转述。学习转述的过程也就是语言应用的过程，同时还是解决问题的过程。整个过程离不开动机驱动，离不开动作直观，其结果是孩子看得见、摸得着的，这到底是训练，还是生活呢？这是生活中的训练，这是训练中的生活！

解决问题

训练是为了什么？是为了提高孩子在生活中解决实际问题的能力，这是一切训练的归宿。孩子需要解决的问题在哪里呢？就在生活中。孤独症使孩子不明人间事理，采用不正确的方式去处理自己和他人的关系。他们在面对生活中的问题时，表现出了独特的异常思维、异常行为与异常情绪，他们在解决生活中的各种问题时，表现出了与常人的差距与冲突。训练的目的是使他们能够以正确的方式思考和解决生活中的实际问题，所有教育训练也是为了给孩子解决生活中的问题做准备，而不是为了训练而训练。如果我们将生活中孩子必须解决的问题作为训练内容，比如，让孩子学会花钱买东西，这其中不但贯穿了认知、语言、行为、交往、合作等方面的训练，而且是一个融真实动机、真实情境和解决真实问题为一体的训练，这既是训练过程，这个过程本身更是孩子解决问题的过程。让孩子学会解决问题——不管我们绕多远的路程，最后都要回到这个落脚点上来，那么，就不如直接从解决问题出发，就将生活中需要解决的问题作为训练内容，直接提高孩子的社会功能。

生活中有真实的动机，生活中有真实的情境，生活中有真实的问题，生活中有各种现实的人际关系。如果我们剥夺孩子生活的机会，我们还要让孩子学会和人交往，还要发展孩子的各种社会功能，这是不可思议的事情！

“把生活还给孩子”

“星星的孩子”——这是一个听起来优雅，想起来却让我们冰冷彻骨的名字，它意味着孩子自我封闭而全然不识人情世故。那么，我们是让孩子离开生活情境去苦练、去修行，还是把他们拽进人间烟火中来养育、来熏陶呢？孩子的运动协调能力差、学习知识的能力差，同样，他们在生活中解决实际问题的能力也很差，他们在生活中对人与人关系的认识能力、生活中的自我服务能力等都很差。我们要思考的是：第一，孩子各个方面都需要训练，相比之下，哪些训练内容对孩子更具有实际意义？第二，我们的课堂训练、机构课程训练和生活应用怎样衔接呢？第三，我们到底要让孩子学会什么呢？如果我们要改善孩子的社会功能，那么应该训练什么，怎样训练才能实现这个目标呢？

一个妈妈给 7 岁的孤独症儿子制订的家庭训练计划中，密密麻麻写满了一天孩子要上的“课程”：画画、手工、识字、运动、游戏……内容非常充实，丰富多彩，但通篇都找不到孩子生活能力的训练，找不到生活中怎样训练孩子交往，怎样训练孩子解决一个具体的实际问题。当问到孩子的妈妈：“孩子知道吃完饭以后剩余的食物应该怎样处理吗？”妈妈摇摇头。“告诉过孩子上厕所需要把门关上吗？”妈妈又摇摇头。“训练过孩子睡觉前怎样做准备工作吗？”妈妈还是摇摇头……

一个 11 岁的孤独症孩子，在普通学校四年级读书，妈妈说孩子做事主动性很差，理解学习内容困难很大，从来不和同学一起玩。可是，当问及妈妈：“你让孩子自己选择过自己的衣服吗？”妈妈说：“从来没有，都是我让他穿什么他就穿什么。”“你带孩子坐过公交车吗？”妈妈回答：“没有，从来都是我开车送他上学，家里有车，去哪里都开自己家的车。”“如果他没有带铅笔，他会向同学借用吗？”妈妈回答：“我从来就没有教过。”……

一个孩子，几个大人，众星捧月一般，孩子被置于无微不至的关怀之中。爸爸妈妈、爷爷奶奶、外公外婆，甚至还有保姆、阿姨、姐姐、老师一应到位，用爱的本能、用职业责任感为孤独症孩子筑起了温暖无比、安逸舒适的保护层，将孩子严严实实地包裹起来，隔绝于生活之外，然后又不惜重金走遍天涯海角给孩子寻医求药，将孩子投入严格的“训练”中——“日子都让家长过了，训练都让孩子做了”，不知道有多少孩子长期陷入“训练”与“生活”隔离的状态中，不知道这是多少孤独症家庭的真实写照！

“把生活还给孩子”，就是把正常的家庭生活还给孩子，就是把正常的社会活动还给孩子，就是把正常的幼儿园、学校生活还给孩子——将康复训练融汇在生活交往之中，将所有的训练方法，将一对一的个别辅助应用在社会功能的改善之中，最终实现孤独症儿童社会功能康复的核心目标。

“把生活还给孩子”“在生活中训练，在训练中生活”“将辅助放在真实的生活情境中”“在真实的人际交往中学习人际关系”“提高孩子解决实际问题的能力”“以孤独症儿童社会功能康复为最终目标”，当我们串联起这些通俗的判断以后，脑海中就会清晰地描绘出孩子康复的道路，那就是“孤独症社会融合教育”。

“众里寻他千百度”，走“社会融合教育”的道路，这就是孤独症儿童社会性康复的必由之路！

“孤独症社会融合教育”的操作原则

“孤独症社会融合教育”的效果，取决于它的实施过程。实施“孤独症社会融合教育”有原则，也有方法。

主动创设交往环境

“孤独症社会融合教育”是以正常人际交往环境为依托的教育，这个环境需要家长积极主动地创设。

首先，目前在全社会对孤独症的认知和接纳程度有限的背景下，幼儿园和学校对孤独症孩子的接纳程度，还远远不能满足孤独症儿童康复教育的需要，这就要求家长通过艰苦的努力，通过高超的沟通艺术，为孩子创设、维护好幼儿园、学校的人际环境，协助班级教师，以积极主动的姿态，教育、引导普通学生，从而在班级中为孤独症孩子创设人际接纳的康复环境。

其次，孤独症孩子需要在社会公共场合中，通过真实的人际互动学习工具性交往，这也离不开他人的接纳。如果我们不主动创设宽容的交往环境，不主动争取他人对孩子的交往学习的理解、协助与配合，而只是“听其自然”的话，孩子会丧失很多锻炼的机会。

最后，家庭是每个孩子的生活场所，家庭接纳自然要远远高于社会公共环境和幼儿园、学校的接纳，但并非每个孩子在家庭里都获得了社会功能康复的有益环境。家长往往把家庭融合教育排斥于“孤独症社会融合教育”之外，在家庭中对孩子过度放任、过度保护，对孩子过多包办代替，这样的家庭生活不但没有起到帮助孩子康复的作用，反而弱化了孩子的社会功能。“孤独症社会融合教育”提倡把生活还给孩子，并非是放任自流，在家庭环境中，需要家长根据“孤独症社会融合教育”的目标，给孩子主动创设符合家庭社会交往规范的环境，家庭生活才具有帮助孩子获得社会功能康复的意义。

“孤独症社会融合教育”需要教育者在常态社会生活这个大课堂中，创设接纳环境，创设具体的教育情境，对孩子进行有目标、有计划、有方法的教育，才能最终实现孩子社会功能康复的目的。生活环境是康复教育的依托和载体，而家长和教师是教育环境的主动创设者。“孤独症社会融合教育”强调的是教育者在社会性教育理念指导下主观能动性的发挥。

因人施教，特殊辅助

因人施教是教育的基本原则，其含义是教育方法要因人而异，根据教育对象的个性特点，采用不同的教育方法。根据孤独症康复的特殊性，因人施教原则在“孤独症社会融合教育”的实施过程中，有着更为丰富的内涵。因为孤独症儿童先天障碍程度有轻有重，孤独症的症状特点也有各种不同的类型，孤独症孩子之间的社会功能障碍的个体差异在人类的功能障碍中是最为突出的。也就是说，不同的孩子需要不同的康复目标；获得同样一种社会功能，不同的孤独症孩子需要不同的学习过程；不同的孩子适用不同的训练方法。总而言之，孤独症康复教育需要教育者因人而异，为不同的孩子“量身定做”，制订符合孩子自身特点的个性化训练方案。

在社会融合教育中，对孤独症儿童实行个别化的“特殊辅助”，是“因人施教”原则在孤独症康复教育中的一个重要操作。

特殊辅助的含义

特殊辅助就是在“孤独症社会融合教育”中，给予孤独症儿童的个别化帮助。游泳是在水中学会的，但是，将一个不会游泳的人扔到水中，其结果就是溺水而亡。因此，在学习者还没有学会游泳的时候，使用能让人体在水面上漂浮的救生圈，就是一种安全保障措施。“孤独症社会融合教育”如同让孤独症孩子置身于社会之“水”，能否给予特殊辅助，是关乎孩子融入社会成败的重要条件。

在“孤独症社会融合教育”的各种情境场合，所有的孤独症儿童都需要特殊辅助。不同的是：第一，在宽容的环境中，我们可能给予较少的辅助，相反，孩子需要的辅助就会多一些。第二，在同样的环境中，对于程度较好的孩子，我们给予的辅助可能会少一些，相反，程度较差的孩子，需要的辅助就会多一些。第三，同一个孩子，在同一个环境中，起初需要的辅助多一些，随着孩子适应能力的提高，给予的辅助可以适当减少一些。

特殊辅助的作用

根据“孤独症社会融合教育”实施的场合不同，辅助人员可以由家长、孤独症儿童家庭教师、特教机构教师、幼儿园教师和学校教师承担。任何辅助人员都需要在辅助中起到以下作用：

第一，调节孩子与环境的冲突。由于孤独症儿童的社会功能缺陷，造成了他们在社会认知、社会情感、社会行为方面与正常人之间的差距，这种差距直接导致他们在正常人际交往环境中与他人的矛盾和碰撞，其结果就是孩子干扰他人，他人排斥孩子。辅助人员如同架设在环境和孩子之间的桥梁，通过对孩子情绪和行为的调节，通过与他人的沟通与交流，缓解孩子和环境之间的矛盾，创设孤独症儿童融入社会需要的人际环境。

第二，给孩子安全保护。孤独症孩子难以正确地解读别人对自己的评价和态度，难以恰当地调节自己和他人的关系，加之孤独症儿童普遍欠缺安全防卫的意识和能力，因此他们在社会公共场所和普通学校里，经常会遭到他人误解、歧视，欺侮、伤害的事件也时有发生。“孤独症社会融合教育”是将一个社会功能薄弱的个体放在正常人际环境中的教育，那就必须给予孤独症孩子特殊的保护。

第三，提醒、督促、示范。孤独症孩子喜欢陶醉于自我封闭的世界，因而对外界发生的事情视而不见、充耳不闻，他们难以做到对环境、对他人的主动关注，让他们跟随集体注意的困难很大。他们的社会行为模仿能力差，基本没有从众行为，不能做到在环境中主动参与、主动学习。因此，实施“孤独症社会融合教育”，让孤独症儿童置身于普通幼儿园、学校中，为了提高他们的学习效率，就需要辅助人员给予针对性的提示、督促，必要的时候，要现场为他们提供行为示范。

融入生活，随机教育

“孤独症社会融合教育”是将训练和应用融为一体的教育，教育训练的内容就是孩子在与人交往的各种场合中出现的各种问题。其过程为：在生活交往中发现孩子需要学习的问题；将问题进行分解，给孩子做出示范，辅助孩子完成，用结果进行强化；在真实的交往中解决孩子的问题，改善孩子的社会功能。将交往需要、交往动机、交往情境、交往训练、交往应用、结果强化融为一体，这是“孤独症社会融合教育”的一个显著优点。“孤独症社会融合教育”强调功能性训练，强调课堂训练和生活应用的融会贯通，反对课堂训练和生活中解决实际问题之间的互相割裂。

“孤独症社会融合教育”有目标、有重点、有计划、有方法，一日生活中，随时可训练，到处是课堂，而没有所谓的“上课”“下课”之分。因此，“孤独症社会融合教育”是一种将康复寓于生活中的教育模式，“训练的生活化”与“生活的训练化”融为一体。

另外，“孤独症社会融合教育”是将社会功能康复融于生活情境中的教育。生活中的教育具有情境性、随机性，比如人的生老病死、天灾人祸、重大事件等，因此，随时随地抓住教育的机会，这是社会融合教育的一个基本操作。

为数不少的家长存在这样的认识：训练就是“治病”，通过训练先把病“治好”，那么生活中该会的东西不用教，孩子自然就会了。这种看法本末倒置，并且割裂了“训练”与“生活”的内在联系。孤独症康复的逻辑应该是在生活交往中，把孩子该会的东西都教会，孩子的社会功能改善了，其“病”本身就获得好转了。不是将孩子的毛病、问题、怪异都纠正以后，再让孩子回到人际交往中，而是通过创设正常的人际交往环境，还给孩子正常的社会生活、家庭生活，在生活中通过有计划的教育、辅助，使孩子的社会功能得到改善而把孩子“治”好，这是家长需要解决的一个重要的认识问题。如果认为要“先治好病”，然后“再去生活”，那就无法真正实现生活和训练的融会贯通。孤独症康复的规律是只有在生活中训练，才能更好地改善孩子的社会功能。

循序渐进，持久积累

不同的孤独症孩子，社会功能每个方面的损伤程度是不同的。也就是说，在几个社会功能领域，每个孩子自己的强弱组合是不同的。“孤独症社会融合教育”让每个孩子根据自己的原初水平，由低到高、由易到难地学习、进步、提升。几个功能领域中的每一项具体功能，都可以分为由低到高、由易到难的阶梯，每一项能力都有其自身内在的难易要求的逻辑顺序，“易”是“难”的准备，“难”是“易”的提高，难易又是相对性的概念，每一个孩子在找准自己基点的基础上，都可以遵循由易到难的规律而分步学习。

“社会融合教育”遵循循序渐进的原则，人的社会功能发展水平是与生理发育水平，与脑本身的发育水平密切关联的，所以，社会功能的康复与生理、心理发展一样，必须遵循循序渐进的规律。

孤独症儿童由于受到智力损害的影响，由于孤独症障碍本身的影响，他们在知识学习、能力形成、问题行为矫正等方面都存在较大困难，以至于一个简单动作、技能的习得都需要高频率重复练习，有的能力需要足够的量的积累，才能看到一点点的提高，其飞跃性的进步更需要持久积累才能够实现。“社会融合教育”的持久战特点，正是对症了孤独症儿童学习上的特殊性。“社会融合教育”不能依靠突击训练，不要奢望速成、速胜，必须循序渐进、步步为营，必须依靠教育训练的日积月累，才能形成最后的康复效果。

○ “孤独症社会融合教育”的操作模式

“孤独症社会融合教育”实施模式如下图所示。

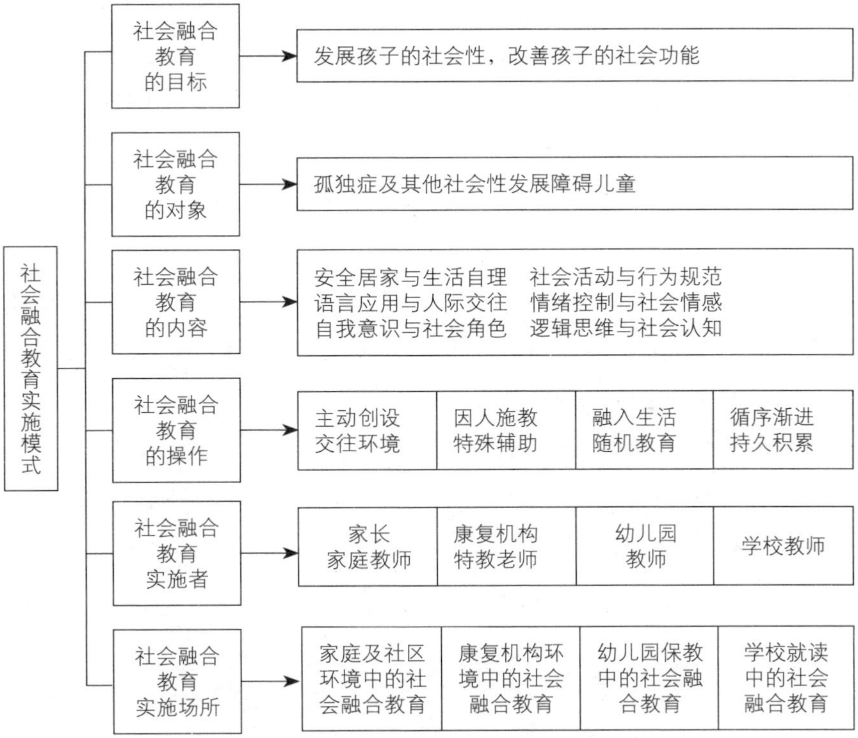

图 3　孤独症社会融合教育实施模式

说明：

第一，“孤独症社会融合教育”的目标。“发展孤独症孩子的社会性，改善孩子的社会功能”是孤独症康复教育的核心目标。

第二，“孤独症社会融合教育”适用什么人群。“孤独症社会融合教育”适用人群首先是典型的孤独症人群，同时也适用于类似孤独症儿童，适用于所有因各种原因造成的具有社会性发展障碍的患者。

第三，“孤独症社会融合教育”的内容。其主要内容包括几大领域，即安全居家与生活自理、社会活动与行为规范、语言应用与人际交往、情绪控制与社会情感、自我意识与社会角色、思维能力与社会认知。这几方面内容相互渗透、相互贯通。这几方面教育内容贯穿在家庭生活、社区场合、幼儿园和学校。但是，不同的场合，对几方面教育的侧重点不同。“孤独症社会融合教育”内容的难度和宽度，根据孩子的程度和年龄的变化，可以由教育者调节、控制。

第四，“孤独症社会融合教育”的原则与操作。“孤独症社会融合教育”是把社会性发展障碍儿童放在生活中的教育，是以社会功能康复为目标的教育，所以，它实施的原则及操作方法为：主动为孩子创设社会交往环境，即家长要主动为孩子创设接触正常人群的交往环境；对不同的孩子要因人施教，并给予特殊辅助，即在各种正常社会环境中，要给予孩子个别化辅助；孩子融入生活时随机给予教育，即在正常的社会生活中，随时随地对孩子进行教育训练；教育必须循序渐进，并持久积累教育成果，即“孤独症社会融合教育”需要长期坚持，日积月累，潜移默化。

第五，“孤独症社会融合教育”的实施者。实施人员包括家长、家庭教师、特教机构的教师、普通幼儿园教师、普通学校教师。家庭中的主要实施人员为家长和家庭教师，而在普通幼儿园和学校，主要实施人员则为幼儿园教师、学校教师、专门的就读辅助教师。家长与学校、教师的密切合作至关重要。

第六，“孤独症社会融合教育”的实施场所。“孤独症社会融合教育”是将康复训练融于真实生活之中，是开放式的社会功能教育，是将孤独症儿童安置在普通幼儿园和普通学校中的“一体化教育”。因此，孤独症社会融合教育的实施场所主要包括家庭、社会公共场所、普通幼儿园和普通学校。

“孤独症社会融合教育”模式的主要特色是“走出隔离教育，回归社会生活，强化功能训练，提高康复效果”。“走出隔离教育，回归社会生活”的含义是，虽然可以对孤独症儿童进行脱离社会生活、脱离正常同伴交往环境的隔离式训练，但隔离式训练是阶段性的、暂时性的、准备性的。从社会功能康复的特点看，孤独症孩子必须回到真实的社会生活中，必须重视在生活中训练，必须在正常儿童交往环境中进行康复教育。“强化功能训练，提高康复效果”的含义是，孤独症康复始终要追求社会功能的开发，直接进行社会功能训练会大大提高孤独症的康复效果。

第四章

孤独症社会融合教育操作指导

——自我意识篇（上）

孤独症康复的两难结果

“为什么我和别人不一样”

一个小学五年级的孤独症女孩问妈妈：“妈妈，我想当班长，为什么别人能当，我不能当？老师说我和别人不一样，为什么我和别人不一样？”

一个小学五年级的孤独症男孩向爸爸提出了这样的问题：“为什么我比别人努力，但是我的成绩没有别人好呢？”

一个高中毕业的孤独症学生对母亲发问：“为什么我有孤独症，别人没有呢？为什么我和别人不一样？”

从孩子婴儿时起，我们就带着他们开始了艰难的康复旅程，一路心血费尽，不知熬过了多少不堪回首的岁月。孩子能够进入普通学校，曾经是我们的梦想，它甚至成了衡量孩子和家长是否“成功”的一把标尺。教育，让我们赋予了孩子越来越多的社会性，正因为如此，有一天，我们不可避免地要面临孩子的如此追问。

更有甚者，一个正在读初中的孤独症男孩，有一天听到同学对他的讽刺、嘲笑以后，激愤地跨上了教室的窗台。教室在教学楼的第四层，幸好此时走进教室的老师看到了这一幕，惊出一身冷汗，立刻冲上前去，一把抱住孩子，好言劝阻，才阻止了一场恶性事故的发生。这件事情让老师更加觉得教育孤独症学生实在难堪重负，为了防范类似事件，从此，老师的精神高度戒备。经过安抚，孩子好不容易同意继续上学，但每当孩子离开家门，父母便内心惶惶、如坐针毡……

孩子小的时候，我们盼望孩子长大，盼望孩子康复，但孩子真的长大了会怎么样呢？孩子真的懂得了好歹会怎么样呢？“如果孩子有一天知道了自己是孤独症患者，如果孩子感觉到自己一生都可能遭遇别人的歧视，那又该怎么办呢？”这个潜藏于内心深处的忧虑，有一天会摆在我们面前。我们会问自己：“越康复孩子就越明白，孩子越明白反而问题就越多，我们自己就越难应对孩子的问题，难道康复教育错了吗？”

◎ 孤独症康复的两难结果

孤独症康复的“二难推理”

二难推理，也叫作矛盾推理。我们的目的是论证一个确定的问题，在给定的前提下，包含两个相互矛盾的答案，无论我们选择了其中的哪个答案，其结果都会否定我们原本希望求证的前提。面对一个孤独症儿童，“我一定要让我的孩子康复，我一定要让我的孩子上学……”，这是父母的共同信念，从事“孤独症康复教育”，也成了很多父母一生最重要的事业，而且父母对孤独症孩子的教育投入是普通家庭的上百倍！那么，康复教育的结果是什么呢？

孤独症康复教育是为了赋予孩子社会性，社会性越好，说明孩子康复得越好——这个逻辑是不能颠覆的。到底我们要的“社会性”是什么呢？社会性就是孩子对人与人关系的认知、理解和把握。社会性教育必然要突破一个难点，也是关键点，那就是培养孩子的自我意识。有了自我意识，孩子才能有对自己与别人的关系的理解，才能主动调节自己和别人的关系，才能主动地纠正、控制自己的病态行为，这点也正是每个家长求之不得、迫切期待的康复效果。反过来说，没有自我意识的孩子就不具有高级社会性，没有高级社会性就不能称其为完全意义上的社会人——这个逻辑也是无法推翻的。

既然自我意识教育是孤独症康复一道绕不过去的门槛，那么，自我意识的第一个环节就是认识自己，知道自己是什么样的人。“我患有孤独症，我和别人不一样”，或早或晚，社会性发展到一定程度的孤独症孩子，必然会面对这个事实，这是孤独症康复教育的一个必然结果。

自我意识，教还是不教呢

其实，“我有孤独症”不过是“我是男（女）孩子”这一简单自我认知的继续延伸而已。如果直至成年，一个孤独症患者都不能明白自己患有孤独症，不能明白自己曾经患有孤独症；如果直至成年，一个孤独症患者都没有自我控制、自我调节的能力，那么，这只能说明一个问题：他仍旧是一个没有社会性的“原始孤独症患者”。如果我们既希望通过教育使孩子康复，又不想告诉孩子自己是什么样的人，那么，这就像让孩子揪住自己的头发让自己离开地面一样，只能是自相矛盾的幻想。

这样一来，其必然的结论就是社会性教育终有一天会让孩子知道自己是孤独症患者，或者起码知道自己与众不同。现实中我们已经看到了，部分孤独症孩子会在小学期间，也有的孩子会在中学期间提出“我为什么和别人不一样”的追问。

孩子知道自己与众不同，结果是什么呢？当然，一些孩子不能面对自我、不能接受自我，严重的自我拒绝就是逃避现实——这个逻辑还是无法推翻的。这个时候，可能我们会问自己：“如果早知道康复的结果是这样，我还让他康复吗？如果孩子没有自我意识，他会活得很快乐啊！费尽心血的教育，怎么换来了一个我们不希望看到的结果呢？康复有什么好处呢？”这种纠结，或许让有些父母否定自己“我一定要让我的孩子康复”的初衷。

但是，不教育就不能康复，这是人所共知的，不教育和“我要让孩子康复”的目标更是背道而驰。

教，或者不教，无论选择哪个答案，事实上都会让我们陷入一种困境，这就是一个特殊的二难推理——孤独症康复教育的“二难推理”。虽然两头为难，但逻辑上我们又必须做出一个选择：“我们还坚持教育孤独症孩子吗？”我们相信，全世界的父母在孤独症孩子面前的答案只有一个——当然要教育孩子。

○ 要对孩子说出“孤独症”三个字吗

孩子越大，家长越难

孩子越大，家长越难，这是很多家长的切身体会。我们盼望孩子长大，为什么又感到越大越难呢？孤独症孩子年龄的增加和其社会性的发展不能同步，这是让我们陷入艰难的根本原因。

首先，从社会的角度看，对一个5岁的孤独症孩子和一个15岁的孤独症孩子来说，社会对他们的要求是不一样的，虽然孩子自己与自己比较，15岁时绝大多数孩子的能力要好于5岁时的自己，但和社会标准比较起来，或许其差距不是在缩短，反而是拉大。随着孩子的长大，社会对他们的宽容度在缩小。

其次，从家长自身看，孩子的身体发育正常，身高、体能日益超过父母，在体能上，父母越来越处于弱势。青春期又是一个新的干扰因素，孩子自身的内部能量需要找到出口，这个时候的情绪和行为问题或许不像孩子小时候那样好控制了。

最后，孩子大了，特别是一部分孩子有了自我认知以后，多少都会有自我接纳方面的心理障碍。随着孩子的成长，随着青春期的到来，性困扰、自我意识教育、未来的生活设计、职业规划等新课题的出现，对父母的教育观念、教育能力的要求比孩子小时候高了很多，但这个阶段的父母自身与孩子成长需要之间供不应求的矛盾越来越突出。所有这一切，都会让我们感觉到孩子越大，我们自己反而越难。

迈上“自我认知”的门槛

孤独症儿童存在的自我意识障碍，反映在从自我认知到自我接纳，再到自我控制这几个环节中。他们使用代词“我”晚于普通儿童，物品所有权的概念迟迟难以建立，语言表达上自我中心化，交往中不能考虑别人的感受，大多数孩子不懂得怎样赢得他人的表扬和尊重，有的孩子对自我目标期待不合理，不知道自己和别人的差别，不接受挫折和失败，难以控制自己的行为和情绪等，这些现象在本质上都和自我意识的发展程度有关。

在自我认知的三个层面上，即认识“物质自我”、认识“社会自我”、认识“心理自我”方面，很多孩子最终停留在“物质自我”的认知阶段，到“社会自我”这里就出现了断裂。很多孤独症孩子一生可能都不会发展到对“社会自我”的理解，一生都没有自我的角色体验。即便是程度好的孤独症孩子，在“社会自我”的认知上也要花费相当大的精力，需要很多社会生活情境中的教育。这部分孩子的“社会自我”和“心理自我”能够慢慢地发展起来。这部分孩子，当认识到自己和别人不同的时候，随之而来的就是完成自我接纳的难题。

绕不过去的“身世之谜”

家长们困惑的是：是否告诉孩子“孤独症”这三个字呢？父母最担心的是孩子不能面对。其实，回答这个问题需要厘清以下思路。

第一，是否我们不告诉孩子，孩子就不知道自己是孤独症患者，或者不明白自己与众不同呢？回答很简单，真正没有自我意识的孩子，就是别人再直白地告诉他，孩子本人也不会明白孤独症是怎么回事，不清楚自己和孤独症有什么关系、孤独症对自己的人生有什么影响；真正有了自我意识的孩子，父母就是不告诉孩子，孩子自己也会意识到自己和别人不同，只不过孩子不能确定这种不同是什么原因，只不过孩子不能给自己的“异常”命名而已。

反过来看，如果家长不直面孩子的问题，在群体中，其他人也会很快发现孤独症孩子的异常，有自我意识的孩子完全能够感觉到别人对自己的评价和看法，他们会从别人对自己的态度中，从别人对自己的言语和行动中知道自己的问题，这是无法回避的现实，除非孩子永远不进入正常群体。

第二，很多父母寄希望于孩子将来完全好了，和常人一模一样了，“孤独症”三个字就没有必要告诉孩子了。实际上，这种设想在逻辑上是不可行的，因为孤独症康复是一个漫长的过程，自我意识教育正是这个过程中的关节点，没有哪个孩子可以绕开“自我认知”而达到“康复”。也就是说，没有自我认知，孩子是无所谓康复的，只有正确地认识自己、接纳自己，才是真正意义上的“康复”！

如果我们确定需要教育孩子，那么培养自我意识就是一道绕不过去的门槛，我们的做法只能是帮助孩子迈过这道门槛。自我接纳，才有一个“新我”的生成，而这个“我”是在孩子的心理剧痛之后诞生的，这需要孩子自己，也需要我们付出必要的代价。

“你和别人不一样”

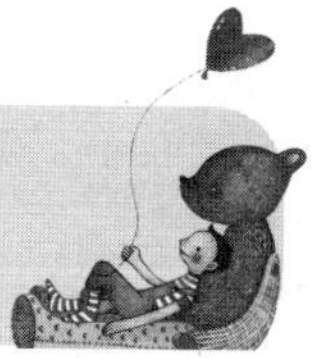

“孩子，你患有孤独症”

为什么要告诉孩子“孤独症”这三个字呢？自我意识在孤独症的康复中有多重要呢？

有一个孤独症孩子，手部的怪异动作很多，从两三岁开始，他常常将手举过头顶，边跑边晃手，还伴随自言自语。开始的时候，发现孩子晃手，父母的做法就是强行按住孩子的双手，但只要一放开，孩子又恢复晃动。后来，父母尽量让孩子手里拿个东西，或者陪同孩子一起做事情，只要有事情可做，他的手就会放下来。这样做虽然效果非常好，可是父母非常劳累，必须时时陪同孩子做事，稍有放松，孩子的行为又会出现。规劝，甚至恐吓，能想到的办法都用了，孩子的手还是顽强地晃动不止。上学以后，老师反映，只要下课铃声一响，他就在教室前后的空地上边跑边晃手。

直到小学四年级，有一天，孩子问了父母一个问题：“什么叫作绅士？我能不能当绅士？”听到这个问题，父亲非常高兴，因为从孩子的一个提问中，父亲敏感地看到了孩子的心理发展契机。这是一个宝贵的教育契机，这是由父母外力强制性被动康复到孩子主动康复的转折点，抓住这个机会，孤独症康复就将迈上一个新的台阶。

父亲先给孩子讲解了什么是绅士，然后告诉孩子做绅士的行为标准：“绅士要举止文雅，手和脚都不能乱动，特别是不能让别人看见，那样就不能当绅士。想动的时候，自己能忍住，就是绅士，如果实在忍不住，就回家来动，或者找一个没有人看见的地方动一下。”借此机会，父母带着孩子多次上街，寻找穿着得体、举止文明和衣衫褴褛、举止粗野的路人给孩子比较，引导孩子对各种路人的外表及其行为进行评价。在反复比较中，让孩子从外貌到行为举动，自己去鉴别谁是“绅士”。果然，孩子以后非常自觉地用“绅士”的标准要求自己，虽然还有很多时候仍然控制不住自己的手，但是经过提醒，孩子很乐意配合教育，立刻改正，晃手的动作基本消失了。

又过了一年，孩子又提出一个问题：“为什么我学习比别人努力，可是我的成绩没有别人好呢？”在孩子的提问中，父母发现“自我”已经越来越走近孩子，“我的行为”“我的成绩”“我和别人比较”，孩子已经自觉地将“我”作为认知对象，并且知道在人际关系中经过比较以后产生对自我的评价了，这表明孩子的社会性发展走到了关键时刻——要让孩子认识自我。

“孩子，因为你患有孤独症。”爸爸平静地告诉孩子。

“孤独症是什么？孤独症会死吗？”孩子问。

爸爸说：“孤独症是一种病，大多数人不会患孤独症，但也有很多人患有孤独症，美国有、日本有、澳大利亚有，中国也有很多，你们学校只有你一个，别的学校还有。孤独症不会死，孤独症会好起来。你比你自己小的时候好多了，比如晃手，你现在已经不怎么晃了，要是再过几年，你会比现在更好。原来你不知道你有孤独症，现在你知道了；原来是爸爸妈妈帮助你克服孤独症，现在是咱们一起克服孤独症。加上你自己的力量，那就好得更快了。”

那一天，爸爸、妈妈和孩子一起，将孩子还存在的问题一一写在纸上，然后和孩子商量：“你说咱们先改哪个呢？”在父母的引导下，最后和孩子达成协议，找出三个问题，其中有的是当时有希望在较短的时间内见效的问题，有的是顽固的、不易改正的问题，有的是对孩子的社会化非常重要的问题，然后将这三个问题贴在墙上，作为家庭康复工作的重点，也起到了每日提醒孩子的作用。

迈过了“自我认知”这道门槛，有“我也要做一个绅士”这个理想自我的驱动，有孩子的主动参与，孩子的自觉性、控制能力比以前大有提高，从此，父母日益摆脱了过去高强度的操劳。虽然在以后的发展过程中，孩子还有反复，问题依然很多，虽然后面的社会化道路还很长、很曲折，但这是质的提升，从“治本”上往前走了一大步。

○ 这是一把双刃剑

“我”本该是“社会人”

到底是否应该让孩子知道自己的问题，甚至明确告诉孩子“孤独症”三个字呢？从父母的角度看，最大的忧虑就是孩子是否能够接受自己患有孤独症。家长的逻辑是：“因为孩子有缺陷，所以，孩子难以接受这个事实，告诉孩子，孩子必然会自卑。孩子不能正确对待自己的异常，那孩子就会非常痛苦。为了不让孩子痛苦、自卑，所以，还是不应该告诉孩子他患有孤独症。”

人的社会性之本就是人能够揭开自我之谜。人要知道自己是什么样的人，比如知道“我是女孩，我的名字叫丽丽”；知道自己有什么优点、缺点，比如“我长得漂亮，我的钢琴弹得很好”；知道自己和周围人的关系，知道“我”和不同的人之间的关系是不同的，比如“在家里我是王华的孩子，王华是我的妈妈；在医院里我是患者，给我看病的人是我的医生”；知道在不同的人际关系中，因为自己的角色不同，所以，能做的事情和不能做的事情也不同，比如“我是妈妈的孩子，所以，我可以要妈妈买的东西；我不是老师的孩子，我是老师的学生，所以，我要听老师的话，但是不能让老师给我买玩具”；知道在群体中自己的角色和角色的行为规范，比如“我们班里有40个学生，我也是学生，我和大家一样，学生上课就要坐下来听老师说话”；知道按照规范调整自己的行为，比如“别人上课都很安静，我也不能说话”；知道拿自己和别人比较，比如“小强得了90分，我比小强少了10分”；知道别人对自己的评价和态度，比如“芳芳说我上课时爱讲话，所以她不喜欢和我同桌”；知道在意别人的态度，并通过自己的努力调节自己的行为，追求让别人喜欢自己，比如“张老师今天表扬我了，我很高兴，下次我做得更好，还让老师表扬我”。

当然，自我认知中的每一项内容都可以在宽度上拓展、在深度上延伸。没有自我，就没有对自己与他人关系的感知，更没有把握自己与他人关系的能力，人的社会性就无从谈起。一个幼年不会和别人玩、不会参与同伴游戏的孤独症孩子，不等同于就没有社会性。相反，如果我们强调了和“别的孩子玩到一起”，而不能从“和别的孩子一起玩”中有意识地培养自我意识，“玩”也不一定能成为促进孩子社会性发展的有效途径。

显然，孩子一旦知道了自己患有孤独症，知道了自己与众不同，知道了自己的缺陷以后，自我接受是一道比自我认知更重要，也更难以跨越的心理门槛。让孩子看清楚“真实的我”，到底好还是不好呢？

“自我”面前的痛苦

一个没有自我而生活于混沌之中的人，自然是快乐的，而一旦有了自我的概念，有了对我和别人的关系的认知，痛苦从此就诞生了。而且这种痛苦会随着自我认知的加深，与日俱增。其实，在自我面前的痛苦并不是孤独症患者独有的，不管是一个企业家、一个哲学家，还是一个艺术家，或者就是一个普普通通的健全人，面对自我的痛苦不会少于一个孤独症患者。因为自我概念清晰的结果，必然会导致将“我”置于人与人的关系之中。有人与人的关系，就有人与人的比较，有比较就有“高”与“低”、“胜”与“负”、“富”与“穷”。虽然自己和谁比较，作为比较的对象是相对的、不确定的，但“比较”这种心理和现象是绝对的。当比较的双方中有一方感觉到满足与自豪的时候，必然是以另一方的不满、失落或者自卑为前提的，这一规律是绝对的。人们如何维护自己的心理平衡呢？毫无疑问，在复杂的多重人际关系中，每个人都会有不同的比较对象、不同的参照点，在与张三的比较关系中感觉到的是自卑，而在与李四的比较关系中可能会产生截然相反的感觉。在同一种客观挫折面前，因为个人的主观态度不同，不同的人感受到的压力是不同的，我们能够通过主动调节来减轻自己的情绪压力，这一人们在人际关系的比较中维持心理平衡的法则是绝对的。

痛苦来源于哪里呢？是不明白的人痛苦，还是明白的人痛苦呢？显然，越是明白的人，其痛苦越深。而孤独症康复，通俗地说，它就是让孩子从一个没有自我的、不明不白的人，逐渐变成一个具有自我概念而越来越对自己明明白白的人——因而，痛苦在所难免。但是，人对自我的认知只能带来自卑和痛苦吗？当然不是，自我认知在人的社会化中是一把双刃剑。

自我认知，必然带来不同的自我情绪体验。完善自己的努力，从认识自己起步，没有自我认知，没有对自己的不满意，哪里会有自我改造、自我控制和自我调节呢？一个人永远不知道自己有什么缺点，当然也就不会对自己产生不满的心理感觉，也就没有了完善自己的追求。特别是孤独症孩子的康复，启动自我调节机制，从内部激发孩子改变自己，进入自我控制的境界，这要归功于自我意识的发展给予孩子的内部驱动力。没有这种内部驱动力，“康复”将永远无法摆脱依靠外力强制的被动局面。

就像一张纸，我们要了它的正面，就必须同时要它的背面。这就是自我意识教育的两面性。

○ 家长的错误操作

宽容延迟了孩子的“自我认知”

孤独症儿童自我意识培养的实施者首先是父母，那么，父母需要有这方面的教育知识和教育能力。大多数父母学习了很多关于孤独症的“训练方法”，唯独缺乏关于自我意识教育的理念和知识，甚至在很多父母的头脑中，很久以来都没有“自我意识”的基本概念。正因为如此，当教育机会在生活中反复出现的时候，我们不但没有利用起来，反而因为我们的错误操作，推迟了孩子自我概念的形成。

比如，孤独症儿童在物品所有权问题上认知混乱，不懂得物品的归属，不懂得要得到不属于自己所有的东西应该怎么做。

张阿姨带着患孤独症的儿子小东到李阿姨家做客，小东进门以后不和主人做任何交流，直奔厨房，打开冰箱门，拿出冷饮就要喝。“儿子，不能这样，这不是咱们家，你要问阿姨‘我能喝吗’。”张阿姨边追儿子边说。李阿姨紧跟其后说："没关系，没关系，喝吧，喝吧。"

李阿姨的女儿小芳也是孤独症孩子，她发现了沙发上张阿姨的皮包，一定要让张阿姨打开包，李阿姨赶快对女儿说："那不是妈妈的包，不能翻。"可是，张阿姨竟然满脸带笑："没关系，翻吧。"

这是多么常见的景象啊！妈妈们以为彼此都是孤独症家庭，彼此之间都会理解和宽容，殊不知，这正是一个教育孩子理解"我和别人关系"的情境。"我家的"和"不是我家的"，"我妈妈的"和"不是我妈妈的，是别人妈妈的"，这些概念正是在这种情境中，通过交往对象的行为和态度，应该帮助孩子认识到的。本来孩子就没有所有权的基本概念，大人们彼此宽容对方的孩子，错失教育机会，会让孩子更加糊涂。

我们能看到的是孩子在交往中的不当行为，而看不见的是支配这些行为的"自我意识"。孤独症孩子的语言、行为、情绪、交往等每个问题都不是孤立的，在它们盘根错节的联系中，自我意识处于"中枢"的地位。中枢的瘫痪，也就意味着孩子整个社会功能的瘫痪。

有教无类的"自我意识"

有很多父母认为自我意识是大孩子的问题，上学再说也不晚，甚至以为那是青春期特有的问题。还有的家长认为那是高功能孩子才能学会的，自己的孩子程度太差，大小便都不能自理，还谈什么自我意识呢？

这是家长不知道"自我意识是什么"而造成的。还有一部分家长知道自我意识的重要性，但是觉得自我意识的教育无从下手。自我意识教育起源于婴儿时期，使用代词"我"，区分"我的"东西和不是"我的"东西，知道"这是我的爸爸，不是你的爸爸"，知道"我要回我自己的家"等，这些关于自我的基本概念，显然不是上学以后才应该教育、才能够教育的，而是要从小教育。

自我意识教育贯通孩子成长的始终，普通孩子直到青春期自我意识稳定、成熟，孤独症孩子自我意识的发展普遍要晚于正常儿童。但是，对孤独症孩子的自我意识教育，不分障碍程度的轻重，不分孩子年龄的大小，孩子的年龄和程度差异，只意味着我们可以对孩子实施难度不同的自我意识教育内容，意味着我们可以应用不同的教育方式和教育方法，并不意味着有的孤独症孩子可以不学习自我认知，可以不建立自我概念。

所有的孤独症孩子，不是该不该教育他们认识自己，而是该怎样教他们认识自己，教他们该怎样认识自己。

自我意识“三道关”

如果自我意识有教无类，那么，我们能够做的、应该做的就是带着孩子跨过这道门槛。在自我意识教育上，我们遇到的困难会比较大、比较多，自然需要的时间也会比较长。自我意识教育更讲究艺术性，这远比教会孩子某种技能难得多，失误的概率也要高得多，这是孩子走向康复过程中的最大难题，在它面前，很多父母却步了。

提起“孤独症”，人们总习惯和“儿童”连在一起，今天，孤独症儿童早已经长大了。儿童时期竭尽全力康复、取得过骄人康复效果的孩子，在青春期退化的案例不在少数。自我意识教育在孤独症孩子康复上的意义，要远远超过技能训练和知识教育。很多父母曾误以为错过早期训练，就错过了孩子一生康复的可能。早期训练固然重要，但从某种意义上看，安全地度过青春期，教会孩子正确地对待自我，我们才能够说，孤独症康复的主体工程基本完成。

○ “我”了解我自己

自我意识教育，首先是让孩子了解“我是一个什么样的人”，即自我认知。一个人的“我”包含了“物质自我”“社会自我”和“心理自我”。自我认知内容可参看下图。

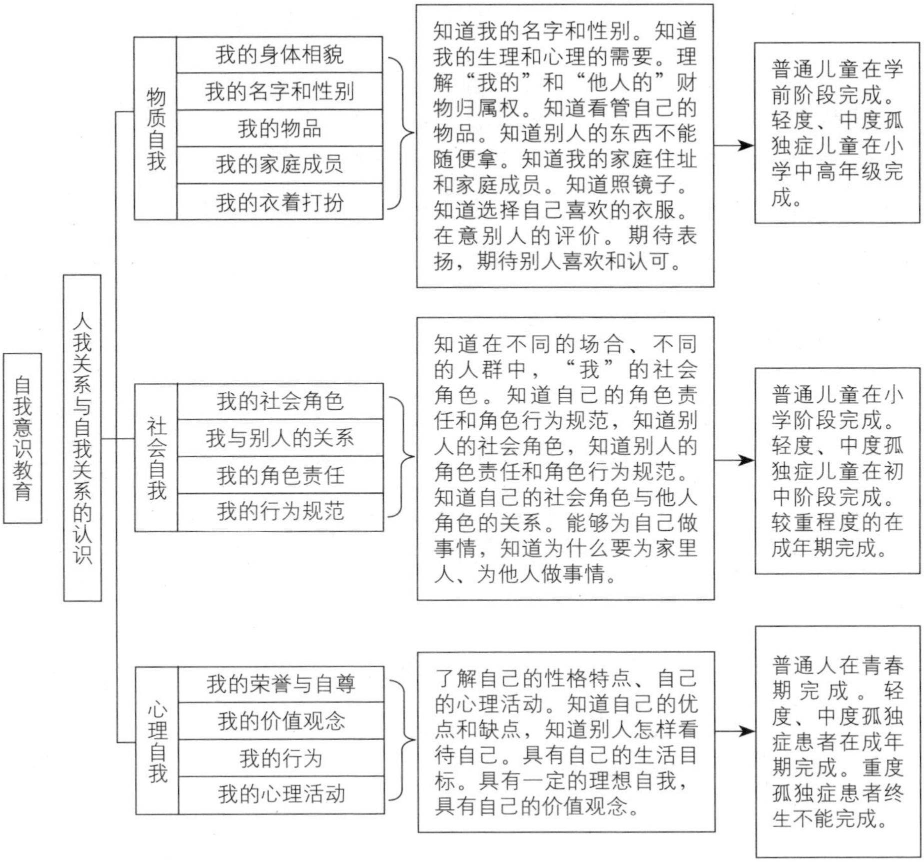

图 4　自我意识教育内容

说明：

第一，孤独症孩子的社会性差异主要体现在自我意识上。自我意识发展程度的个体差异，有先天的原因，也有后天教育的原因。得当的教育方法能够一定程度地促进孤独症儿童自我意识的发展。

第二，自我意识教育起源于生命的早期。表中每项内容完成的时间，我们以普通孩子为参照，孤独症孩子普遍滞后于普通孩子。孤独症孩子中发展较好的一部分，可以完成“社会自我”和“心理自我”的认知，但还有相当数量的孤独症患者，终身可能就停留在“物质自我”认知阶段。

第三，表中为自我认知的主要内容，“物质自我”“社会自我”和“心理自我”表明了个体自我认识从易到难的阶梯，也表明了自我意识的发展层次，但并不是说只有完成了“物质自我”的认知，才能开始“社会自我”的教育。

“物质自我”的认知教育相对比较早，从孩子指出“我的眼睛”“我的鼻子”开始，到孩子认识“我的名字”“我的玩具”“我的爸爸”，到代词“我”的正确使用，“物质自我”是让孩子理解物质世界中什么是“属于我的”，理解“属于我的”与“我占有”和“我支配”的关联。“物质自我”，通俗地说，是让孩子理解“我有什么”“什么是属于我的”。

“我的”，其中深刻的含义归根到底是对社会关系的认知，它是一个社会性概念。“我的”包含了“我怎样取得所有”“我怎样占有”“我怎样支配”“我的怎样才可以转变为他人的”等内容。认知什么是“归我所有”和认知什么是“归别人所有”，这是一个问题的两个方面，没有“归我所有”的基本概念，希望孤独症孩子构建起更高级的社会性，希望他们学会与人的正常交往，那就如同搭建空中楼阁。

“社会自我”是教孩子认识自己和别人的关系，“社会自我”在人际互动中形成。在人与人的现实关系（而不仅仅是游戏关系）中，孩子才有望懂得自己与他人是怎样联系起来的，懂得自己在各种社会关系中的社会角色，懂得因为自己角色的不同，自己的行为也应该有所不同的道理。

比如：在家里“我”是李丽的女儿，李丽是“我”的妈妈；在学校里“我”是王梅的学生，王梅是“我”的老师，“我”是王芳的同学，王芳也是“我”的同学；在公交车上，“我”是乘客，给“我”开车的是司机；在超市，“我”是顾客，为“我”服务的是售货员……这些都是孩子所处的各种具体的、实在的社会关系。在“关系”中，才能产生角色和角色行为。比如“学生”这个角色，是在自己与老师的关系中产生的，“学生”和校服、学校、老师、同学、上课、作业、遵守纪律等相互关联，而学生这一角色的行为应该怎样呢？首先表现在学生与老师的关系上，学生要听老师的指令，按照老师的指令完成作业等，这是“学生”在师生关系中的行为体现。其次，学生的角色行为还表现在“学生”和同学的关系上，平等、互爱、合作、竞争等，这是“学生”角色在同学关系中的具体行为体现。

“心理自我”，通俗地说就是孩子对自己的心理活动的认知，是孩子对自己的兴趣、爱好，自己的智力、能力，自己的价值观念的认知。这其中最重要的一个问题是，孩子需要回答“我是一个什么样的人”，这是一个人对自己的全面、综合的认知。对于孤独症孩子，显然，他们对这一个问题的回答是独特的，因为他们的答案不可避免地要与“孤独症”三个字联系在一起。或者“曾经”，或者“轻微”，或者是“孤独症康复者”，即便到了成年，即便他们的社会功能恢复得很好，在他们的心理层面与行为特征上，仍然具有他们自己的特点，从自我同一性的角度看，他们的过去、现状和未来都和孤独症有着不可分割的关联。所以，在回答“我是什么样的人”这个问题时，“孤独症”是无法回避的三个字。无论如何，一部分成年孤独症康复者，也需要认识、需要实现自己人生的意义和价值，形成自己的生活态度和价值观念，他们也会建立自己的信仰——他们也有能力，并且有必要探索“心理自我”的内容。

○ “我”接受我自己

显然，在“知道自己”的前提下，人们要产生对自己现状的情感体验，产生对自己的心理态度——“我”喜欢我自己，还是讨厌我自己呢？“我”让我感觉到满意还是不满意呢？“我”对自我是自豪、自信，还是自卑、自怜呢？是自我接受，还是自我拒绝呢？怎样去评价自己，怎样做到接受自己，这是孤独症孩子自我意识教育中最难的课题。其实，对于所有的人，这都是一个人生难题，要孤独症患者以他们的理解水平来求解这个高难度的问题，的确更加需要教育者的教育艺术。

“社会自我”产生在人与人的关系中，在“关系”中又必然会产生比较。事实上，在比较中，在普通环境中，孤独症孩子的优势是相当有限的，大多数情况下，他们的表现难以超过比较对象，这是不容忽视的现实。

孤独症孩子希望在与别人的比较中获得成就感、满足感，他们渴求表扬，但有时候，他们无法将客观的社会标准和主观的自我标准区别开，他们经常会以自我标准取代社会评价，因而会在自我能力与现实要求差距较大的情况下仍然自我感觉良好。他们有的“自我”极其脆弱，过度在意别人的态度，表现出高度的自我防卫心理；他们有的极其不自信，害怕失败，因而回避竞争。也有的孩子对“自我”麻木不仁，可能这是孩子一种无奈中的自我心理保护……

让孤独症孩子面对自我、接受自我，其实本质上这不是一个孩子的问题。孩子怎样对待自己，这是一个家长对孤独症态度的折射。孩子的自我接纳程度与家庭接纳程度高度相关，家庭接纳程度又与社会接纳程度高度相关，三者彼此影响。其中，家庭接纳是推动社会接纳的原动力，是提升孩子自我接纳的支撑点，而社会接纳程度反过来影响家庭接纳和孩子的自我接纳程度。也就是说，社会接纳程度越高，家长的压力越小，家长的压力越小，家长对孩子的接纳程度越高。社会接纳程度越高，社会对孤独症孩子越宽容，相应地孩子的自我认可、自我接纳的程度也会越高。反过来，社会越是不接纳，家长的压力就越大，家长的压力越大，家长转嫁到孩子身上的责难、怨恨的负面情绪就越多，相应地造成孩子的自我接纳程度越低。家庭作为推动社会接纳的动力源，其推动力量越大，社会接纳程度越好。家庭接纳、社会接纳程度越高，孩子的自我接纳程度随之就越高。

○ “我”控制我自己

没有一个孤独症孩子不存在自我控制上的困难。控制自己，是人之自觉为人的根本标志，人之所以要认识自己，是为了更好地控制自己，否则，自我认知就失去了意义。自我控制是一个人通过自我的意志努力，主动调节自己行为和情绪的能力。自我控制不同于外力强制，自我控制表现为孩子的自觉性。实现自我控制，孩子必然要先有是非标准，先理解为什么要遵守这样的是非标准，然后才是按照标准调节、控制自己。知道“打人不对”，还要知道“为什么打人不对”，然后再控制自己在行为上做到“不能无故打人”。事实上我们常看到，孩子懂得道理，但是控制不住自己，这让我们很苦恼。应该确信，自我控制功能是以大脑的发育状况为物质基础的，自我控制是社会人对自己的生物本性进行管理与调节的“安全阀”，没有这个“安全阀”，人的本能就会泛滥成灾。而孤独症孩子筑造这个安全阀的材料——大脑本身出现了问题，一个刻板性的动作或者习惯，纠正起来困难重重，因为孩子需要为克服这来自先天的障碍付出大量的心理能量，对这一点我们应该给予理解和宽容。也正因为如此，培养孤独症孩子的自控能力过程漫长、艰难、曲折，他们长期需要外力辅助，甚至强制，才能一定程度地实现行为与情绪的控制。

但是，我们也欣喜地看到，一部分孤独症患者的自我控制能力是会随着年龄的增长，特别是经过良好的社会性教育过程而大幅度提高的。自我控制源于孩子对于“我想成为那样的人”的一种内在驱动力，如果孩子对自己没有了自我追求，也就没有了内驱力。

在“自我”面前的心理冲突

当孤独症孩子面对社会关系中的“自我”，这是孩子，也是父母共有的痛并快乐的心路历程。在这个过程中，孩子和父母要共同经历以下心理冲突。

○ “家庭自我”和“社会自我”的冲突

为了孤独症孩子成长和教育的需要，父母、家人和特殊机构教师，的确需要经常赞扬孩子。孤独症孩子原本主动性、参与能力就差，他们普遍害怕挫折，没有自信心，为了鼓励孩子，我们经常会夸奖和赞美孩子，这种外在评价是必需的，因为没有这种评价，将无法维系教育训练活动的继续，往往正是在这种评价中，孩子们迈出了走向社会的第一步。

这种评价对于孩子情绪健康的恢复、自信心的建立有着非常积极的作用，而且这种经常性的外部评价会逐渐内化，逐渐变成孩子的自我评价、自我态度。在我们的评价中，孩子会认为“我就是很棒”，在一段时间内，这会让孩子生活在自我肯定的良好心理环境中。

但是，随着孩子社会生活领域的扩展，随着年龄、特别是他们的社会性水平的提高，当对一个孩子的评价不仅仅来自家庭、来自特殊机构的教师，孩子的状态如何更不能依据孩子的自我感觉。对孩子的客观评价要来自社会，孩子是否“真棒”，需要按照社会标准来衡量。于是，这给孩子的自我认知带来了很大的困惑：妈妈说我很棒，为什么学校的老师、同学并不认为我“很棒”呢？孤独症孩子可能会产生两个偏差：

第一，他们或者不愿意接受社会评价，始终以自我评价维护着自己的心理平衡，或者不理解社会评价的客观性，以为家庭评价、自我评价能够代替社会评价。比如，一个 15 岁的上初中的孤独症学生会自豪地对别人说："我上中学了！"对于孤独症学生，这确实是一个了不起的成就，但对于普通孩子而言，这已经很晚了，可孤独症学生对此仍然会保持良好的自我感觉。

第二，他们了解了社会评价的客观性，也知道自己与社会评价的差距，但他们在社会评价中丧失了自信，因而他们会越发害怕失败，越发胆怯、畏缩，越来越逃避现实。也有少数孤独症孩子能够接受社会评价的客观性，能够按照社会评价标准调整自己，但当他们努力之后仍然做不到"真棒"的时候，他们可能会麻木，或者用幻想自己"真棒"代替现实中的"并非真棒"。有的孩子会迁怒于他人，也有的孩子会放弃努力，甚至在情绪和行为上会出现退化。

家庭评价和社会评价的冲突是每个孤独症孩子都会遇到的，处理好这种心理冲突是教育者不能回避的课题。

◎ "自我认知"和"自我接纳"的冲突

一般来说，一个社会性发展良好的孤独症患者在群体关系中都会感知到自己与众不同。他们会发现人与人之间的差异，早至小学高年级，晚到义务教育完成阶段，他们会从同伴评价、教师评价及其父母对自己的态度中感受到一些异样，但他们不能解释其中的原因，他们不明白为什么有些学校的集体活动自己不能参加，不明白为什么自己的家长和老师的联系总是比其他家长与老师的联系密切，不明白自己为什么不能像其他同学那样获得老师的表扬。他们羡慕优秀的成绩，也能够比其他同伴更加努力付出，他们不明白为什么努力不能给自己带来好成绩。他们想在同龄人中表现自己，可机会好像总是别人的，比较的结果也总是别人超过自己……只有极少数的孩子被父母告知自己患有孤独症，但他们对孤独症的真正含义是模糊的，他们能知道自己一些局部的特点，但多数孩子无法将自己的特点和自己未来的生存和发展联系起来。

意识到自己的独特，会让他们在自我接纳上有不同程度的困惑。他们无奈地接受他人的负面评价，知道这是自己无法左右的。在社会评价面前，他们会失去平衡，进而产生自卑，这种自卑的极端会使他们对自我存在进行否定，越是社会性发展好的孤独症患者，自我认知越清楚的孤独症患者，自我接纳的冲突越严重。

当然，现实中有的孤独症患者能够实现自我接纳。一个16岁的孤独症中学生对别人说“我是孤独症”，并且乐意接受父母给自己提出的改善交往的建议，努力通过主动调节完善自己。一个24岁的成年孤独症患者在面对别人异样的眼光时，从容地说出“我得过孤独症”“我是一个孤独症康复者”，这就是我们期待的孤独症患者对自己的认知和接纳的和谐统一。

◎ “自我愿望”和“自我能力”的冲突

经过社会性教育，一部分青少年孤独症患者希望自己和别人一样，希望别人能够做到的事情自己也能够做到，他们具有证明自己能力的心理倾向和需求。其实，这是我们求之不得的教育结果。

一个8岁的孤独症孩子会提出自己的愿望：“妈妈不要跟着我，我自己做。”一个在普通学校就读的初中孤独症学生对妈妈提出：“我自己回家，你以后再也不要到学校接我，别人的家长都不去学校。”一个18岁的孤独症患者对母亲提出：“我要自己坐火车去旅行。”……问题是，孤独症患者的这种心理愿望和他们的现实能力之间存在着一定的差距。他们有时候对自我能力的认识不准确、不全面，有时候以主观愿望代替现实能力，不明白实现自己的主观愿望需要具备什么样的现实能力，因而青少年孤独症患者经常会说一些在别人看来十分幼稚可笑的话。别人问一个成绩经常不及格的中学生：“你中学毕业以后做什么呢？”孩子会非常自然地回答：“我要上北京大学。”有些孩子非常想实现自己的愿望，并且也肯付出超过常人的努力，但是必须看到，他们的现实能力的提高幅度是有限的。于是，教会他们理解结果和原因的复杂关系，理解一个结果是由多种原因共同决定的，就是缓解他们这一心理冲突的良方。

◎ “自我独立”和“家庭辅助”的冲突

自我成长的过程，是一个人不断与母体、与家庭分离，最后实现完全独立的过程，这需要孩子的独立意识和独立能力的同步成长。最终实现社会生活自立，可能只是部分孤独症孩子的前景，即便如此，有望独立的孩子，其学习独立的过程和最后实现的独立程度也与常人有差异。

但是，在孤独症孩子的成长过程中，一方面，孩子独立性、自主性的缺乏让家长感到很头疼。我们期待孩子能够自主、能够独立，但是由于社会环境复杂，无处不在的危险又让家长无法放手让孩子进行独立活动的实践与体验。例如，一个孤独症男孩的身边除了父母，大约还有五六个专门的教师和家庭服务员，孩子长到 10 岁，还从来没有离开过家人的视线，孩子每天做的事情都是家长、老师编制的程序，接受的是来自成年人的一个接一个的指令，孩子从来不需要自主。另一方面，孤独症孩子严重缺乏经验，家长又极不信任孩子的能力，或者怕孩子在众人面前出丑而伤了父母的自尊，因此对孩子独立做事有一万个不放心。有的父母从不给孩子自主的机会，这无形中又反过来限制了孤独症孩子的自主性与独立性的发展。大多数孤独症孩子有独立的愿望，他们有时候强烈地想自己做事，想证明自己的能力，但家庭的过度保护、过度辅助，可能会弱化他们的这种愿望。没有了自主的机会，也就没有了自主能力成长的客观条件，孤独症孩子的自主性发展就这样陷入了一种恶性循环。

怎样才能帮助孩子发展自主性呢?

第一，利用科学的教育方法，激发孩子难得的自主性；第二，给孩子自主的机会；第三，通过必要的辅助及安全保护措施，使孩子逐步脱离他人看护，走向自我独立。其中最难的是，家长要跨越自己心理上的一道道障碍。

孤独症孩子的“自我”从萌芽到发展到逐步稳定，在各个阶段，我们都能够看到其显著的特点。自我意识也是以大脑发育为生理基础的，就这一硬件条件看，毋庸置疑，孤独症患者的先天条件极为不足，我们如同在一块贫瘠的土壤上耕种，需要给予种子更加充沛的阳光、更加丰富的养料、更加精心的培育，需要我们更加勤奋的劳作。事实证明，孤独症孩子的自我意识可以发芽，也可以长大。

第五章

孤独症社会融合教育操作指导

——自我意识篇（下）

“自我意识”从哪里来

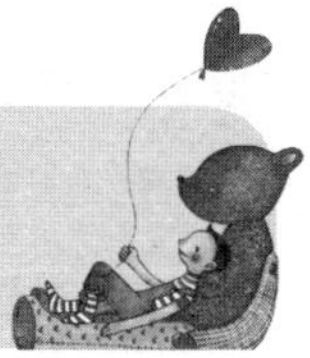

○ 对“自我”的认知闭锁

儿童是从自己与物质世界的互动中将“我”从认知对象中分化出来的。普通儿童一般具有对客观物质世界的探索兴趣，他们以“我”的兴趣为探索世界的原动力，主动与外界产生各种联系和互动。但孤独症儿童并非如此，他们基本没有认知兴趣，因而也就自然关闭了对物质世界的探索。因为他们严重缺乏与外界的主动互动，对孤独症儿童的教育，某种意义上就是强迫性地对他们施加外界刺激，通过强迫他们看、听、摸等，打通他们与外部世界联系的通道。但这种在强制下被动地接受外界刺激和主动探索世界完全不同，孤独症孩子对外来的强制刺激抗拒性很强，接受起来的选择性很强，所以有效性就很低。即便是被他们接收的信息，也会被他们的大脑过滤，扭曲为一种按照他们自己的方式解读的意义。比如，给孤独症孩子一个玩具，他们会按照自己的理解去摆弄，这种摆弄方式并不像普通孩子，不是对玩具功能和意义的探索，玩具往往被孤独症孩子简化成了一个机械重复的自我刺激物。

在自我认知中，人是认识主体，又是认识对象，这就要求人们将一个“我”有意识地分为主观的“我”和客观的“我”，这是一个难度很大的认识过程。自己和自己的关系（自我关系），这是人际关系的一种特殊形态。在孤独症康复中，我们往往只注意了孩子与他人、群体关系的异常。教育者都懂得将人际关系的正常化作为康复教育的主要内容之一，殊不知，孤独症儿童自我意识（自身关系）发展的异常和他们与他人关系的异常之间有着内在的必然联系。也就是说，不考虑孩子的自我意识水平，一味地强调提高孩子的人际交往能力，就如同让孩子用一条腿走路，根本是不可行的。遗憾的是，长期以来，自我意识培养是被康复训练严重忽略的重要内容，即便意识到了它的重要性，在自我意识培养的操作上，大多数家长和老师也远不如行为矫正、认知训练那样感觉有法可循。

孤独症儿童普遍具有程度不同的自我刺激行为，严重的甚至对自己的身体施加伤害。他们没有物品所有权概念，不懂得看护自己的东西，他们的话语中人称代词“我”的出现延迟，他们对精神奖励、对荣誉麻木不仁，没有期待心理，不能正常参加比赛，也不能正确地对待比赛结果，不关注人群中自己的角色，不在意自己对他人的影响，不懂得他人对自己的看法，自我调节、自我控制能力薄弱，这些都是自我关系障碍的表现。

○ “我”从“镜”中来

“自我认知”是从哪里来的？怎么让孤独症儿童从“无我”到建立自我概念，并具有趋向正常的自我关系呢？

我们能知道自己长什么样子吗？能！通过照镜子，这是最简单不过的道理。孩子对于自己的认识也需要“照镜子”，这面“镜子”就是别人的评价。也就是说，一个人对自己的认识，是在主观与客观的关系中建立起来的，是在孩子与他人的关系中建立起来的。自我封闭产生的结果是孤独症孩子与客观物质世界的互动极其简单、狭隘，更多的时间里，他们的认知指向的是自我的内部感觉，而不是去观察、探索客观世界，更不是观察、理解别人对“我”的反馈，当然更不能正确解读这种反馈。孤独症孩子与世界的非正常关系、与人的非正常关系，推迟了他们“自我”概念的发生。

另外，我们不能不看到，孤独症儿童早期训练所处的环境普遍带有封闭性特点。一个自我意识病态的孩子，如果早期没有得到促进自我意识发展的人际环境，家长又用大量的技能训练、知识课题去填充孩子的康复时间，理直气壮地将他们安置于相对封闭的隔离环境中，这就自觉地、主动地、人为地为孩子舍弃、回避了正常社会生活中的人际环境。如同没有一面正常的镜子，我们怎么能让孩子知道“自我”长什么样呢?

在孤独症儿童的早期训练中，我们不惜大量评价孩子“真棒”，但我们可能忽视了一个重要的问题：“真棒”往往被我们用在了“物我关系”的评价上。也就是说，我们常常表扬的是孩子对指令的反应，这些指令的内容大多数指向的是人与物的关系，而我们对孩子在“人我关系”“自我关系”中的评价数量反而相当不足。比如，在生活中，孩子为自己、为别人做事情的机会几乎被剥夺干净了。孩子也许无数次地去过餐厅，但从来没有亲自体验过自己和服务员之间的关系。在马路上散步时，孩子的异常行为使其他行人忍无可忍，但从来都是父母去处理孩子招惹的是非，在父母的过度保护下，孩子从来不知道自己和其他陌生行人之间到底应该怎样相处……

“我”从“人我关系”中来，从他人对自己的评价中来。但是，对于患有孤独症这种有自我意识障碍的孩子，评价的方法又应该有其独特的要求。

用他人评价催生孩子的“社会自我”

○ 评价“物我关系”还是评价“人我关系”

孤独症孩子自我意识培养中的“他人评价”，是指在孩子与成人的互动中，由家长和教师对孤独症孩子做出强烈的态度反应，从而让孤独症孩子去感知、去理解自己的行为产生的实际结果，即通过让孩子感觉别人喜欢或者不喜欢自己的行为，进而让孩子去判断行为人——“我”被他人肯定或者否定的态度，让孩子理解他人评价“我”的行为，最终指向的是评价做出行为的人——“我”。

也就是说，让孩子懂得对方评价的重点不是人做出的“行为”，而是做出行为反应的“人”，建立“评价行为”与“评价行为人”之间的联系。让孩子明白行为是人所实施的行为，理解自己是行为的承担者，只有将行为和行为人联系起来，才能催生孩子“自我”概念的建立。因为在这里，行为只是客观的过程，比如一个孩子拿起桌子上的茶杯摔在地上，杯子碎了，这只是一个客观过程，在这个过程中，孩子是行为过程的控制者，也是对自身行为结果的理解者和体验者，如果我们的评价是“你把杯子摔碎了”，而没有让孩子体验到“我摔坏了杯子，我是错误的”，那么，孩子就是摔了一万个杯子也不会有“我错了”的内在主观体验。

在自我意识培养中，我们强调孩子需要观察、理解的不应该仅是物质性的结果——杯子碎了，而应该强调的是由于孩子的行为引发的他人主观态度的变化，让孩子明白因为“我”摔碎了杯子，造成“妈妈生气了”，进而发展孩子对自己行为的调整和控制——“我不能再摔杯子了”。

孩子认识“摔杯子”这一行为的错误，是根据“我”摔了杯子，妈妈生气了，是根据妈妈的态度反应来确定的。孩子是通过“妈妈和我的关系”，而不是通过“物我关系”（我和碎杯子的关系）来建立对自己错误行为的认知。也就是说，我们只有将孩子对“物我关系”的理解引申到对“人我关系”的理解上来，在别人的态度反应中，才能促进孩子去理解“我”与别人的关系、别人与“我”的关系。

这种评价在自我意识教育中是最基本、最常用、最有效的方法。必须注意的是，从“物我关系”认知提高到“人我关系”认知，最后到“自我行为”的调节，这一链条必须贯通起来。

孤独症孩子关于“自我”的概念是通过他人的外部评价建立起来的，他人或者肯定、或者否定的评价，是孩子判断自己的标尺。长期地给予外在评价，外在评价会逐渐内化成孩子的自我评价，形成孩子自己对自己的看法。自我评价还能成为孩子调节自己行为的尺度，并运用这个尺度去调节自己和他人的关系。

对孤独症孩子进行评价，这只是培养孩子认识自我的操作手段，而不是目的。通过评价操作，使孩子在别人的态度中，知道自己正确与否，通过别人的态度来调整自己的情绪和行为，这才是我们使用强化与惩罚的高级目的。

○ 家长和教师应该怎样操控评价

高频率、及时性评价

“真棒”“真好”，这是家长、老师经常使用的评价语，特别是在孩子的学习过程中，我们需要不厌其烦地重复这类评语，孩子每学习一个动作就要评价一次、数次，甚至更多。

为什么需要高频率的评价呢？因为孤独症孩子对“自我”感知迟钝，没有高频率、重复性评价，孩子不足以感知到自己的行为被肯定还是被否定，所以，他们要求在更多的评价中刺激“自我”肯定的感觉。“妈妈，我表现得好不好？妈妈表扬我！”很多孤独症孩子在做了我们看来微不足道的事情以后，也会提出让妈妈给予表扬的要求，他们严重缺乏自信，需要依赖外部评价增强自我的稳定性。

及时性评价是指在情景发生的当时给予评价，一般不要延迟评价时间。因为孤独症孩子心理年龄幼稚，即时评价有利于孩子理解因果关系，孩子得到评价以后，下一个行为指向才能确定。孤独症孩子的“自我”不发达，没有自主性，哪怕是一个简单的动作，有时候也要靠外部评价推动与维持。比如，很多妈妈有这样的经历：妈妈点头确认这一个字书写正确，孩子才会继续写下面的一个字。

正常儿童随着社会性的提升，他们会逐步从依赖外部评价发展到独立的自我评价，逐渐从依赖即时性评价发展到理解延迟性评价。但是，孤独症儿童社会性落后，他们长时间依赖外部评价，而迟迟不能建立自我评价。他们长时间需要即时性评价，延迟评价会使他们出现“自我迷失”，行为上无所适从、不知所措。因此，针对他们的心理发展特点，进入普通小学以后，陪读人员有一个重要的任务，就是要满足孤独症孩子在评价上的特殊性需要——用随时随地的外部评价来维系孩子的正确行为。

在使用高频率评价时经常出现的问题是评价贬值。在孩子可以轻易完成任务时给予积极肯定的评价，可能会阻止孩子的进步。让孩子经过努力后获得好评，评价才能促进孩子的发展。

夸张性、积极性评价

孤独症儿童的教育过程中，家长和康复机构教师常常使用夸张性评价，评价者的声音、表情和动作都需要大幅度夸张，特别是早期训练时更需要这样做。因为孤独症孩子注意力、观察力都比较差，给孩子的刺激信号一定要是明确的、形象的、强烈的，这样便于孩子感知、理解评价的意义。

积极性评价就是表扬。它是儿童社会化教育中最有效的手段，对孤独症儿童尤其如此。孤独症孩子缺乏内部动机和兴趣，缺乏自信心，所以，他们高度依赖积极性评价，高度渴求教育者的肯定和表扬，以使自己的行为能够找到明确的标准，能够维持下去。高频率地使用正面强化，在孤独症儿童社会性发展中显示了非常好的效果。“妈妈，你表扬我。”“妈妈，我表现得好吗？”即便是一个20岁的成年孤独症患者，其行为和情绪调节仍需要高度依赖外部的积极评价。

孩子需要家长和老师的积极评价，需要这种心理上的满足，但家庭里的积极评价和社会上的评价并不一样，由此产生了落差，这是我们面临的一个棘手难题。

纵向看，大部分孤独症儿童的成长环境基本上分为两部分：一部分是为了适应他们的特点而营造的“人工小环境”，比如家庭和特殊训练机构都是对孤独症儿童有着特殊宽容的小环境，这种环境会最大程度地照顾到孤独症儿童的特殊性，经常给予孩子表扬性评价。另外一部分就是“社会大环境”，在孩子离开家庭和机构以后，孩子要进入幼儿园或者学校，相较家庭或者特殊机构，在这里会较少地照顾到特殊个体的特殊需要。这里更加强调表扬、评价的社会标准，对孤独症儿童对评价的特殊需要较少迁就。于是，在这两个环境转折与衔接的过程中，怎样评价孩子更为恰当，就成了一个重要问题。

横向看，一个孩子在任何年龄阶段都要接触不同的生活场所，比如家庭、幼儿园、学校、社区及各种社会公共场所，这些环境对孩子特殊性的理解和宽容是依次降低的，家长对孩子的特殊保护和直接指导也是在依次降低的。也就是说，不同的环境、不同的人际关系对孩子本身的社会性要求是在依次提高的。对一个孤独症孩子的某些方面，家庭评价、学校评价和纯粹的社会评价之间有时候一致，更多的时候不一致。比如，一个10岁的孤独症孩子第一次学习买东西，如果妈妈惊喜地夸奖孩子“真棒”，一定会招致周围不解、不屑的目光。一个孩子最终要接受社会评价，所以，家庭评价如何与学校评价接轨，学校评价如何与社会评价接轨，也是一个重要的问题。

如果不解决好上述两个问题，那么，孩子就像温室里培育出的盆景一样，无论我们在室内将孩子培育得多么好，当我们把孩子放进自然环境以后，孩子就会对客观环境产生适应困难。那么，怎样既能够让孩子获得足够的积极评价，又让孩子最终逐渐接受社会要求呢？

家庭评价与教师评价

孤独症孩子“社会自我”的成长，需要科学的评价方式，这其中遇到的一个矛盾就是：孩子需要大量的、频繁的、积极的外部评价，但进入社会生活以后，无论是在普通幼儿园还是普通学校，按照社会标准衡量，孩子又无法如愿地得到他们需要的评价，怎么办呢？

第一，家庭要进行“表扬补偿”。

孩子对表扬的饥渴是“自我意识”成长的需要，在外部表扬欠缺的情况下，家庭应该补偿孩子的心理需要，给予孩子大量的积极评价。

第二，教师要给孤独症孩子特惠的评价标准。

进入小学的正常孩子，在教师的引导下，已经懂得个体发展的差异性，懂得同样的成绩，先天不足的学生付出的努力更多，所以，对患孤独症的学生要另眼相看。只要教师对孤独症学生的态度正确，一般来说，学生们是可以理解、支持的。比如，让孤独症学生回答简单的问题，回答正确以后，全班同学给予鼓励，这是很多老师使用的办法，在实践中收到了很好的教育效果。

第三，拓展评价的范围。

多评价过程、多评价态度，少评价结果。从社会标准看，用“结果”评价学生，具有客观性和公正性，但是我们不能忽略的是，决定“结果”的原因是多重的，孤独症学生与普通学生不在同一起点上，评价“结果”就具有了不公正性。教育评价是促进孤独症学生社会性发展的手段，从这个角度理解，怎样评价能够达到目的，就应该怎样评价。

对于孤独症学生，评价“过程”和“态度”往往更能够促进他们的进步，因为如果只用客观“结果”评价，“结果”往往会使他们备受打击，而不是受到鼓励。一个孤独症孩子无论多么努力，可能最多只能考出 70 分的成绩，这是很多就读普通学校的孤独症学生的现实状况。他们胆怯、畏惧，害怕失败因而行为退缩，如果我们过分关注结果，只能让他们更加退缩。我们要让孩子懂得“重要的是去做，而不是做成什么样子”。一个在大学就读的孤独症学生，从小学以来，母亲经常对他说的一句话就是：“允许做不对，不允许不努力。”

第四，多做纵向比较，少做横向比较。

纵向比较是将孩子自己作为比较对象，用自己的今天和自己的昨天比较；横向比较是将不同的孩子进行比较。在孤独症孩子之间进行比较，甚至将孤独症孩子与普通孩子进行横向比较，这是父母常存的心理倾向。无论父母怎样能动地调整和克制自己，“横向比较心理”会不自觉地反映在父母对孩子的评价中，这种评价更多的时候不是以家长的语言传递给孩子，而是通过父母的态度让孩子感知到了“家长觉得我不如别人好”。

在横向比较中，孤独症孩子更多的时候感受到的是父母的抱怨、失望和焦虑的情绪。在孩子“社会自我”的成长过程中，经常接受父母的这种情绪感染，这是与孩子的自信、自尊、自主性的发展相互冲突的。而经常做纵向比较，和孩子一起回忆自己的过去，看到自己的成长和变化，这是对家长自己，也是对孩子最好的激励和满足，这是家长自我心理调节，也是激励孩子进步的有效手段之一。

第五，进行个体优势培养。

虽然孤独症孩子社会性落后于常人，但有些孤独症孩子具有某些超出常人的能力，比如，他们有的具有非常好的记忆能力，有的音乐感知和表现能力非凡，有的英语成绩突出，有的具有数学天赋，有的绘画和空间感知超常，等等。所有这些，都可以引导其向社会性方向发展，成为他们在群体比较中的优势才能。当把这些优势放在人与人的关系中评估的时候，它们在促进孤独症儿童社会性发展上的作用就显而易见了。

让孩子知道自己会什么，让孩子明白自己会而别人不会什么，让孩子知道别人怎样评价自己的优势，让孩子知道怎样利用优势赢得尊重、体现价值，无论哪方面的优势能力，在这里都是媒介，都是孩子认识自己能力和价值的媒介。

教育评价对于催生孤独症儿童的自我意识相当重要。这不是随随便便的评价，对孤独症儿童的评价技巧非常讲究。

第一，无论教育者怎样使用这一工具，外在评价只能诱导、激发、维系孩子自我概念的发生与成长，而自我概念的最后稳定确立，需要孩子由外在评价转化为自我评价，这一飞跃，孤独症孩子需要长时间的外部评价的积累和自我体验的积累。

第二，无论外界评价怎样讲究技巧和方法，都是由他人在操纵与调节孩子的“自我”感觉，如同照镜子，孩子作为客体，固定着自己的位置，这是由大人在调整、控制着镜子的角度。而实现自我评价的飞跃，孩子需要懂得一个至关重要的道理：当镜子的位置不变的时候，主动调节自己的位置，也可以改变自己和镜子之间的角度。只有当这种思维方式确立以后，才能说一个孤独症孩子真正有望实现自我接纳。

解除思维方式的羁绊

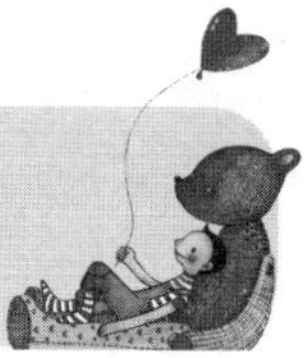

○ 再说思维方式

“比”是将人与人联系起来的关键词，社会性教育的结果是将孤独症儿童从这种关系之外引导进来，孩子从完全忽略别人，不懂得自己与别人的关系，到关注别人的存在，理解自己处于与别人的联系之中，知道拿自己与别人进行比较，看重别人对自己的评价。毫无疑问，这是孤独症儿童社会化进程中的一个飞跃。

幼儿园一个 4 岁多的孩子，经过“社会融合教育”的干预取得了长足的进步，终于有一天，孩子踮起脚尖来和 ×× 比较高矮，非常期待自己长得比 ×× 高，老师也鼓励孩子“多吃饭就能长高了”。妈妈欣喜的同时，忧虑着有一天孩子会知道自己的成绩比很多同学差，那么孩子该怎么面对现实呢？孩子是否会体验到挫折，体会到自己的处境呢？于是，怎样引领孤独症孩子在人与人的比较中正确地面对“自我”，思维方式教育就成了走向自我接纳的关键通道。

什么是思维方式？思维方式是人们在思考问题、解决问题时最一般性的思考立场和角度及心理倾向。思维方式对于孤独症孩子的自我意识发展非常重要，没有社会化思维方式的引领，孤独症康复将陷入迷宫中的循环——不断前进，但是找不到最终的出路。

需要指出的是，国内的孤独症康复教育，迄今为止还没有涉及系统化的思维方式训练，家长和教师还缺乏“孤独症儿童思维方式教育”的概念，还没有认识到思维方式在孤独症康复中的重要性，更没有科学、系统的思维方式教育方法。“水不涨，船不高”，由于我们自身的教育理念、教育能力局限了孤独症孩子社会性康复的水平，很多家长、教师止步于知识、技能训练，希望通过这些训练实现孩子的康复，应该说，这是一个与孤独症社会性康复相去甚远的梦想。只有水涨，船才能升高，否则，我们将遗憾地看到更多的孤独症孩子因为缺乏思维方式的培养，而让康复目标中途搁浅。

○ 思维方式的羁绊

审视孤独症儿童的思维方式，我们会发现其最主要的特征是认知中心化。认知中心化分两方面：一方面是自我中心化，也就是不会站在客观的角度思考问题，以自己的主观愿望代替客观现实，不会站在对方的角度思考问题，只能从自己的角度去思考事物。另一方面是客体中心化，不会从两个角度思考问题，不会从相反的角度思考问题，不会从相对性的角度思考问题。

一个 10 岁的孤独症孩子喜欢玩手机，于是，不管走到哪里，不管是谁的手机，拿起来就按照自己的意愿玩起来。还是一个 10 岁的孤独症孩子，在学校里做完作业以后，执意要老师给自己打 100 分，老师指出了作业中的错误，孩子还是非要求老师满足自己的意愿不可，他握着老师的手在自己的作业本上写了 100 分之后，满意地笑了。一个 12 岁的孤独症学生，无论见到谁，都会滔滔不绝地给别人背诵圆周率直到小数点后 400 余位。

深思这些孩子的表现，他们的思维方式有什么特点呢？我们会看到：

第一，孤独症儿童不会站在客观的角度思考问题，他们往往以他们自己的主观感觉、主观愿望代替客观现实，当客观条件发生改变以后，他们会陷入自己的主观意愿和客观存在的激烈冲突之中，而不能调整自己的心理和行为。

第二，他们不会站在对方的角度思考问题，因而他们不理解别人的观点、感受和自己不一样。

第三，他们不理解事物的普遍联系，更不理解人的普遍联系，长期处于“自己想怎么着就怎么着”的原始思维中，不考虑自己的行为对别人有什么影响。

第四，他们思考问题不能同时兼顾两个以上的因素，不懂得一因多果和一果多因的道理，他们不理解一个事物的特点会随着背景的不同而产生变化的道理。

如果我们不能从思维方式的角度为孤独症孩子解除羁绊，即便孩子有再多的同伴游戏，孤独症孩子的社会适应、社会交往能力、自我意识的发展也会受到致命的局限。

○ 重构孤独症孩子的思维方式

有的家长误以为思维方式培养针对的是程度好的孩子，而且要到一定年龄以后才可以涉及。其实不然，只要教育方法正确，相当一部分孩子是可以学会从对方的角度思考问题，学会从客观的角度思考问题，学会理解事物的相对性的，这无论对他们人际关系的改善，还是正确地认识自己，都有重要的意义。

思维方式教育，在很多人看来是孤独症孩子难以攀登的高峰，其实，思维方式既在于我们“教什么”，也在于我们“怎样教”。如果我们用适合孤独症孩子心理特点的方法去教，即便是看起来非常难懂的抽象道理，也是可以让孩子理解、接受的。

“一个事物的特点因为参照对象不同会发生改变”，怎么让孤独症孩子明白这个道理呢？在孩子从小学习“比较大小”的时候，就应该而且已经开始贯穿这个道理了。一个西红柿和一个鸡蛋比较，西红柿是大的，鸡蛋是小的。一个西红柿和一个西瓜比较，西红柿就不再是大的，而变成了小的。同样，鸡蛋和花生米比较，鸡蛋就变成大的了。在鸡蛋、西红柿、西瓜三者的比较链条中，西红柿既是大的，又是小的。同此道理，鸡蛋到底是大的，还是小的呢？因为比较的对象不同，其特点是会发生变化的。用孩子熟悉的日常食品和物品，让孩子自己动手操作，给孩子设置不同难度的比较关系，本着由浅入深、由动作思维到形象思维再到符号思维的原则，在足够数量的重复体验中，孤独症孩子能够理解一个事物特点的相对性道理。

由此切入，举一反三，在弟弟的鞋、姐姐的鞋、妈妈的鞋的比较中，在幼儿、少年、成人身高的比较中，在 50 分、70 分、90 分的比较中，泛化相对性道理的应用，这会使孤独症孩子思维刻板、绝对化的弱点得到一定程度的矫正。没有绝对的大，也没有绝对的小，大小是在不同的比较对象中产生的事物的特点之一，由于参照对象不同，同一个事物的大小会产生变化——不是用语言讲道理，而是在生活的实践操作中，在孩子解决问题的过程中，重构了孩子的思维方式。

○ 站在对方的角度思考问题

事实上，大小只是一个具体的外观特点，但是只要具有这种理解问题的能力，变换其他的认知对象，其道理是相同的。人与人比较，高个和矮个，贫穷和富有，聪明和愚钝，勤奋和懒惰，先进和落后，等等，都是在比较中相对而言的。由具体到抽象，由对物质的认知到对人的认知，再到对自我的认知，其道理是相同的，不同的只是认识对象的区别。我们最终的目的是让孩子将自己放在不同的比较关系中，认识自己特点的相对性。

一个 8 岁的孩子要买自己喜欢的饮料，妈妈说要用钱才能买，钱怎么来呢？妈妈带着孩子去给别人做小时工，孩子看着妈妈给主人家干活，看着主人付给妈妈工钱，然后妈妈带着孩子用工钱买到了饮料。在这个过程中，孩子直观地看到了饮料和钱的关系，钱和妈妈劳动的关系，看到了妈妈和主人的关系，看到了主人和工钱的关系，从而理解了妈妈劳动和自己喝到饮料的关系。

一个中等程度的孤独症女孩，从小经常和姑姑在一起，孩子知道姑姑喜欢并非常疼爱自己。孩子主动语言有所增加后，每次见到姑姑都会滔滔不绝，但所讲的内容和讲话的方式以自我为中心的特征异常明显。女孩 8 岁时，姑姑有了自己的儿子，于是，每次与姑姑见面之前，妈妈总会问女孩几个同样的问题：第一，原来姑姑最喜欢谁？现在姑姑最喜欢谁？为什么？第二，姑姑现在最关心什么事情？为什么？第三，姑姑最喜欢听你说什么？为什么？孩子对这些问题的回答，包含了以下思维方式的教育：第一，姑姑最喜欢的人不是固定不变的，而是随着条件的变化而发生变化的；第二，姑姑和自己孩子的关系与姑姑和“我”的关系比较起来，性质是不同的，有远近区别；第三，站在姑姑的角度思考，姑姑最关心和最喜欢听的事情，和“我”是不一样的；第四，姑姑最关心的是她自己的孩子，其次才是“我”，反过来，“我”的母亲最喜欢的是“我”，其次是姑姑的孩子。不同的人和“我”的关系是不一样的，对“我”的态度也不一样。

生活中的关系无处不在，从直接关系到间接关系，从简单关系到复杂关系，从物与物的关系到人与人的关系，从对“关系”的直观具体感知到抽象道理的概括，遵循这一教育规律，让孩子理解“关系”的普遍性和多样性，直至理解“我”和不同的人之间不同性质的关系，理解不同性质关系的人对“我”的不同需要及不同评价，这是孩子理解“我”的相对性的又一个角度。

特别提示：

第一，思维方式培养是从幼儿时期开始的。孤独症孩子因年龄和障碍程度不同，所教的内容可以不同，使用的方法可以不同，不同的孩子在思维方式上理解到什么程度，要求也可以不同。

第二，思维方式培养的方法应该遵循儿童思维发展的规律，一定要从动作思维入手，注重孩子的动作体验，在此基础上，提升到形象思维水平。将思维方式迁移到孩子对人与人关系的认知上来，最后应用在对自我的认识、对自我的接纳上，这才是最终目的。

第三，思维方式教育的情景在真实的生活中，在孩子解决生活中的真实问题的具体操作中。在生活中发现、抓住随机教育的机会，因势利导，这是孤独症社会性之自我意识教育的最高境界。

关于孤独症儿童思维方式培养，请参考甄岳来著《孤独症儿童社会性教育指南》及本书的相关章节。

“孤独症”不再是“我”的秘密

○ 让“孤独症”认识“孤独症”

“一定要告诉孩子他患有‘孤独症’吗？”从培养孤独症儿童“自我认识”和“自我控制”的角度讲，答案是肯定的，关键是什么时候告诉他，怎样告诉他。

孤独症障碍不像肢体、器官残疾，这些残疾外在直观，其本人可以直观感知到自己的缺陷，比如，一个缺少下肢的孩子，很小的时候就能够完成对自己缺陷的认识。孤独症则不同，孤独症是精神疾病，对于孤独症儿童自己来讲，这种精神疾病不容易理解。孩子的生理功能是健全的，而社会功能是残缺的，孩子对自己社会功能残缺的认识，需要在人际互动中，从别人对自己的评价中逐步去感受，也可以说，孤独症孩子的“自我”需要在孩子与社会人接触的碰撞中才可能被本人认识到。如果家长对孤独症儿童的成长长期采取过度“保护”，虽然可以避免孩子与社会的矛盾冲突，保护孩子的心理安全，但这种保护同时也推迟了孩子对“自我”的本来面目的认知。从内在原因上讲，孤独症儿童本来自我意识发展就落后，甚至停滞不前，再让他们以自己本来就残缺、病态的“自我意识”去认识自己的“孤独症障碍”，对他们来说，正似“不识庐山真面目，只缘身在此山中”。由于这些原因，孤独症孩子对自己病症的认知要比其他残障人士困难得多，时间也要晚得多。

在孩子感知到别人的异样态度或者明显歧视后，有一些孩子可能会主动追问家长："我为什么和别人不一样？""我是孤独症吗？"家长面临的困惑是：如果孩子自己提出疑问，说明孩子已经将自己与别人进行了比较，说明孩子已经感知到了别人的评价，家长是否一定要告诉孩子他患有孤独症呢？孩子多大的时候可以对他说呢？应该怎样对孩子说呢？

○ 何时告知孩子真相

我们看到，孤独症孩子在上小学期间，即使障碍程度较轻，他们的自我意识发展水平也很有限，家长和教师可以不告诉孩子他是孤独症患者，但是要为将来"告诉孩子他是孤独症患者"做预备性教育。

孩子对自己"特点"的认识，是先从对别人"特点"的认识开始的，在孩子认知自己的特点之前，先让孩子明白每个人都有自己的"特点"。先引导孩子大量观察他人，认识别人身上的优点和缺点，包括引导孩子认知父母身上的优点和缺点，这是为将来不得不"揭盖子"时做第一层铺垫。

在第一层铺垫之后，再引导孤独症孩子反观自照，了解、认识自己的特点。其中包括"我"不同于别人的优点，也包括"我"的各种缺点。让孩子知道自己有哪些需要克服的问题行为，知道自己和同学相比，哪些地方不一样。当然，不一定要和孩子说破"孤独症"，这只是先让孩子从认识自己的特点入手，给下一步的告知再做一层心理准备。

在做前两层铺垫过程中，孩子们大约处在小学阶段，并不要求一定要和孩子说破"孤独症"。但是，如果孩子的自我意识发展得比较好，如果孩子已经从别人口中听说了自己是孤独症患者，如果孩子向父母追问这个问题，那么，到小学高年级时甚至更早，也可以告诉孩子他患有孤独症。当然，这并不是简单告知，而应该是讲究教育方法和教育艺术的沟通。

孩子到了初中阶段（十三四岁左右），我们建议，对于中等或程度更轻的孤独症孩子，只要他们明显地具有了和同龄孩子进行比较的意识，只要他们已经追问父母"我为什么和别人不一样"，家长就不应该再刻意回避真相。家长应该以恰当的方式告诉孩子"你患有孤独症"，同时要让孩子知道孤独症是一种可以康复的疾病，并且要运用恰当的方式进行心理疏导。

这样做有两个作用：一是让孩子更清楚地了解自我，更现实地看待自我，更客观地设计将来的自我，促进孤独症孩子自我意识的发展；二是通过让孩子知道自己患有孤独症，让他们了解孤独症都有哪些特点，让他们树立起孤独症可以康复的信心，引导孤独症孩子在问题行为的矫正过程中由外部的他律控制逐渐地提升为更高级的自律控制。这样一来，康复就不仅仅是家长和教师的事，也应该让孩子自己主动地参与进来。孩子如果能够实现自我调节，将会显著地提高康复教育的效果。

总之，大多数孩子需要在心理准备充分完成以后，再告诉他们“孤独症”之事。具体什么时间告诉孩子，这要根据孩子的程度不同，孩子所处的环境不同，由家长灵活处理，并没有统一的时间表。

怎样对孩子说出“孤独症”

家长告知孩子的契机、方式等应该把握准确，这是一个意义重大，但确实高难度的操作。

第一，避免在孩子挫折感强烈的当时，避免在孩子做错事情的当时，告诉孩子他患有孤独症，以免孩子将自己的错误和挫折感与孤独症联系起来。我们知道孤独症是导致孩子能力落后的原因，某种意义上，孤独症确实也是孩子遭遇失败和挫折的原因，但并非所有的挫折和失败都源于孤独症。在情绪的高峰期接受“孤独症”这一概念，多半会加重孩子的挫折感，并可能会使孩子做出非理性的反应。一般情况下，应该在孩子情绪比较平稳的时候，从容地和孩子交谈更合适。

第二，避免在父母自己情绪失常的时候告诉孩子他患有孤独症。一般情况下，父母的情绪变化和孩子的情绪变化互相影响，父母自己情绪失控的时候，理性的成分会大大降低，甚至会不择言辞，这种状态非常不适合与孩子谈及这样一个严肃的话题。

第三，最好由父母自己来和孩子谈孤独症的问题。应该由孩子最亲密、最信任的人和孩子做零距离、无障碍的交流，父母是最合适的人选。父母也是最了解孩子的人，怎样谈，孩子会怎样反应，事前要做哪些铺垫，要做哪些防备，父母对这些细节的把握应该比其他人更准确。

第四，父母要客观、冷静、自然地告诉孩子病因、表现和可能的预后。这其中家长要注意的是：首先，不要有责怪、抱怨孩子的情绪，不要怨天尤人，不要让孩子感觉自己是父母不幸的根源，这会让孩子产生非常消极的自我体验，最终会导致对亲子感情健康发展的不利影响。其次，父母也不要自责，不要觉得自己对不起孩子。事实上，孤独症不是父母的主观原因造成的。要让孩子明白，孤独症是孩子本人，也是父母面临的挑战和难题。父母要做的是，将自己对孤独症的态度、对孩子的态度明确地告诉孩子，给孩子充分的安全感、信任感和爱。

第五，要给孩子最大的同情和理解。一方面要告诉孩子疾病对他自己的影响是什么，另一方面要告诉他孤独症是可以克服的，给孩子信心。有意识地让孩子阅读、了解其他残障人士的人生故事、成功经历。如果有条件，让孩子结交一两个残障朋友，这对鼓励孩子克服困难、调整心态，正确认识自己的疾患、建立人生自信是非常有帮助的。

第六，并不是一次就把问题都说清楚。孩子对孤独症的认识是循序渐进的，要随着他年龄的增长、理解能力的提高、生活阅历的丰富，让孩子不断加深对自己障碍的认识。在什么年龄和孩子说到什么程度，家长要因人、因时、因事、因情而异。同时，重要的是和孩子一起回头看，看看自己变化和进步的足迹，这对孩子接受孤独症可改变性的特点，帮助孩子建立自我调整的合理目标是非常有利的。

○ 高难度、高回报的教育

一般来说，孤独症孩子自我意识的发展对他们的康复会有两种作用：

第一，会加速孩子的社会化进程。理想自我的确立，会使他们对自己的未来有期待，这会大大地提高他们自我控制、自我纠错的能力。家长和教师要注意的是，这个时候既要鼓励孩子进步，同时给孩子的目标又要客观、合理，让孩子量力而行。目标定得太高，孩子达不到，会产生挫折感；目标定得太低，不利于孩子潜能的开发。

第二，自我认知程度的提高，也有可能使孩子产生自卑，最后觉得自己无能为力而放弃努力。给教育者的挑战是如何把握好度，化“弊”为“利”。

总之，自我意识教育，在孤独症康复中是一项高难度，但也是高回报的教育。

第六章

孤独症社会融合教育操作指导

——性教育篇

孤独症孩子尴尬的青春期

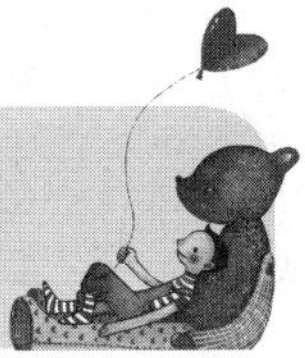

○ 亦喜亦忧的成长

“青春期”在普通人眼里，是一个浪漫的词，它预示着人生花季的到来。生命翻到这一页，人们要迎接一个新的人生课题：性与爱。但倘若家有孤独症孩子，“性与爱”却有着不同寻常的含义。看着孩子日渐成熟的身体，父母心头的担忧与日俱增，我们甚至默默祈祷：“孩子啊，我宁愿你不要长大。”

千辛万苦的养育，不正是为了孩子早日长大成人吗？为什么我们内心会抗拒孩子长大呢？为什么我们对孤独症孩子青春期的恐慌要远远多于期待呢？“青春期”给孤独症孩子和父母带来的是喜还是悲呢？在孩子不可抗拒的成长面前，我们将面临多少挑战与困惑呢？我们该怎样带着孤独症的孩子走上他们独特的青春之旅呢？

在一个礼堂里，坐着一所普通中学初二年级的全体师生和家长。“迈好青春第一步”几个醒目的大字在舞台背景屏幕上闪闪发光。孩子们要在这里集体庆祝 14 岁生日，共同敲开青春的大门。座席间，有一位特别的学生，作为一个孤独症孩子，他将和同学们一起完成这个人生的跨越。这样的主题，这样的场面，任何话都不必说，沉默地坐在家长席上的母亲，早已万千感慨涌上心头。

仪式进行中，灯灭了，礼堂里一片漆黑，黑暗中响起老师亲切的声音：“同学们，请摘下你胸前的红领巾，告别你的童年时代，让老师为你点燃手中的蜡烛，点燃你青春的火光。从今以后，你们长大了，懂事了，你们走进了青春，走进了人生蓬勃的春天……”

孩子们手里捧着一支支燃烧的蜡烛，一支支蜡烛辉映着一张张青春的脸庞，此刻，大家不约而同地屏住了呼吸，寂静中，谁都会感受到青春来临时的庄严。音乐缓缓奏响，在礼堂里回绕，瞬间，14 年的酸甜苦辣汹涌而来，猛烈地撞击着这位特殊的母亲。此刻，在一片烛光中，她找不到哪一束烛光属于自己的孩子，她却想到了过去 14 年的艰辛，想到了孩子未来的人生道路。此时此刻，她用泪水写下了自己带着孩子“迈进青春第一步”时的悲喜交加……

为什么孤独症孩子的成长让我们亦喜亦忧呢？甚至对于大多数家长而言，“孩子越大，自己越难”——面对长大的孤独症孩子，这成了父母的处境，更是心境的真实写照。

“长大”未必“成人”

“长大成人”，这是对孩子成长历程再通俗不过的客观概括。“长大”，指的是自然年龄的增长；“成人”，指的是随着自然年龄的增长，人的社会化水平逐渐提高的趋向。正常情况下，随着自然年龄的增长，人的社会性也应该同步发展，直至完成生理和心理全面、协调的发育，最后成为一个合格的“成年社会人”。

显然，“长大成人”是两个过程的统一：一个是生理成熟的过程，也就是随着生理年龄的长大而带来的性的逐渐成熟；另一个是社会性成熟的过程，也就是社会认知和社会经验的增加、自我意识的发展而带来的社会角色逐渐成熟的过程。“长大”是“成人”的基础，“成人”是“长大”的结果。

一个正常人，“长大”与“成人”之间不但具有逻辑上的正比关系，而且“长大”与“成人”之间还应该具有同步对应关系，即在“长大”的不同阶段，应该具有相应的“成人”的不同水平。而恰好在这两者的关系上，孤独症儿童出现了奇特的现象：中重度孤独症儿童，在“长大”与“成人”之间，我们看不到明显的正比例关系。相反，由于退化，在一段时间内呈现给我们的还可能是反比关系。在有些孩子身上，虽然没有明显的反比现象，但遗憾的是，发展再好的孤独症患者，在“长大”与“成人”之间都会显现出不同程度的非协调性。于是，可怕的问题出现了：生理发育与心理发展的落差，让青春期孤独症孩子的父母体会到了又一重难堪与烦恼。

“长大”势不可当，几乎所有孤独症儿童的身体发育都是正常的，很多孩子的身高早早就超过了同龄儿童。女性孤独症患者的初次月经往往也比同龄人要早一些，男孩的第二性征也会应时出现。观察得知，青春期的孤独症男孩和女孩，无论其社会性程度如何，从生理本能上，他们都有自主获得生殖器官刺激的快乐体验——自慰行为的出现。“性”，这种在过去没有的自然冲动，就像潜伏在丛林中的猛兽，随着青春期的到来，它出现了。对这样一种原始冲动，如果无拘无束，如果规范不当，在公共场所发生了他人、公众不容许的“性表现”，这一行为必将成为孩子与公众接触的阻隔，除了闭锁家庭或者养护场所，他们再也难以进入社会环境。由此可见，不学会“性”的社会表达方式，很可能让父母从孩子婴幼儿时期就开始付出的康复努力前功尽弃，这会极大地增加孤独症孩子社会性发展的曲折性，甚至使这条道路因此而阻断。

符合社会规范的性教育

性，这是一种最自然的生理问题，它却要求以最社会化的方式来表达。但是在青春期孤独症孩子身上，我们可能看到的是什么样的“性”行为呢？

一个就读于普通小学的 14 岁男孩，为了抗拒老师管教，故意当着全班同学的面，脱掉自己的裤子，引起全班哗然……

一个就读于普通学校的 13 岁男孩，被老师发现坐在教室最后面玩弄自己的生殖器，表现出醉意沉迷的样子……

一个就读于普通学校四年级的孤独症女孩，第二性征已经发育明显，情绪发作时，她故意在众人面前揭开自己的衣服，裸露私处。孩子小的时候，叔叔们经常抱她，长大以后，只要见到青年男性，她还和小时候一样，要“叔叔”抱她……

一个 14 岁女孩，对男性的身体开始有了兴趣，喜欢盯着男性生殖器部位看。终于有一天，妈妈没有看住她，在公共场合，她的手突然间伸向了一个陌生男性的私处……

一幕一幕，触目惊心！

“长大”，就要给孩子建立“性”行为的社会规范，在符合社会规范的前提下，疏导、释放身体内的生理能量。也就是说，性的出现，给孤独症儿童的社会性教育提出了前所未有的更高的要求。孤独症孩子的社会性发展严重落后于他们的生理性状态，这又给规范孤独症患者的“性”行为造成了极大的困难。正因为这样，我们对孤独症孩子的性教育才有了特别的内容和特别的意义。

解读孤独症的“性”行为

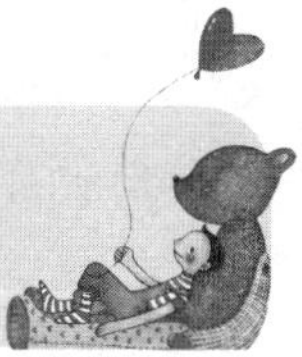

○ 孤独症“性”行为的含义

孤独症青春期“性”行为的内涵，不同于正常的两性之间的性行为，它是指孤独症患者在性意识和非性意识支配下做出的与“性”有关的有意行为和无意行为，包括自慰、自己暴露身体的私密之处、和异性不当身体接触、向不恰当的对象询问“性”事等。这些行为涉及他们对自己的自我刺激，也涉及他们向异性做出的不符合社会角色规范的行为表现。

孤独症患者与“性”有关的行为表现，同常人比较，其最大的不同点是，他们并不是把异性作为满足自己身体快乐的对象。比如，有的孩子触摸异性身体的目的仅仅是引起旁人的注意，在旁人因其行为而惊叫中获得快乐。在大街上贴近女性身体去嗅其长发的味道，仅仅是让他们感觉到嗅觉的奇特。暴露私处更多的是他们无意中的动作，或者感到身体不适。女孩脱掉自己的内衣，在她们看来，这和脱掉自己的鞋子并无不同。也就是说，有些行为从他们本身的角度讲，并没有主观上的“性”意义，却被其他社会人赋予了“性”意义的解读。即便是性意识支配下的行为，比如自慰，对于他们也只是如同晃动自己的手一样，不同的是，这种刺激方式与晃手得到的快感来源和强度是不同的。观察中我们看到，他们虽然能够将性器官快感的获得和自己的自主动作联系起来，但他们并不会将这种快感的获得和异性联系起来，起码在青春期很多孩子是这样的。

孤独症患者“性”行为表现的不合理性，并不在于该行为表现本身，正常人也会有这些表现。他们的问题在于，他们对“性”行为场所和对象选择的不合理。虽然，在孤独症患者那里很难说这些行为具有主观“性”意义，但是在客观上，它们不符合“性”行为的社会规范，当然是需要被教育者纠正的，否则，孤独症孩子的社会融合道路无法继续下去。

“性”行为矫正与塑造的特殊性

其实，我们知道，孤独症孩子需要被规范的不仅仅是和性有关的行为，他们的很多行为都与社会要求格格不入，比如发脾气时大喊大叫、攻击别人、乱扔东西等，行为矫正就是要将这些与社会规范冲突的行为削弱，或者纳入合理的渠道。与性有关的行为表现只是各种行为问题中的一种，所不同的是，与其他行为比较，不合理的“性”行为具有两个特点：

第一，从孤独症患者与环境关系的角度讲，社会环境对不合规范的“性”行为更加不可宽恕。这种行为一旦发生，不像其他行为那样，可以获得理解和宽容，并具有改正的机会。“性”行为一旦发生，原先孩子已经获得的宽容和接纳，会因为这个行为而就此一票否决。

当一个 14 岁孤独症男孩在教室里当众脱去裤子，故意暴露自己的生殖器官来反抗老师的时候，其结果只能是一个——孩子从此离开教室。他的本意只是用这个行为来拒绝老师的管理，但在其他学生眼里，这个行为的意义，远远不是这个孤独症学生自己所理解的那样。

第二，“性”行为与其他行为问题不同，有些行为问题，我们用行为矫正技术，正确操纵强化物，科学地应用正强化与负强化，可能会使行为改善或者消失。但是，“性”行为的强化来自孩子身体内部，我们无法操纵，而且这种快感的强化力度是其他任何外在强化物都不能比拟的。也就是说，规范“性”行为要比规范其他问题行为难度大很多。

是不是所有青春期孤独症孩子都将遭遇“性”的尴尬呢？并非如此。从现实情况看，只要未雨绸缪、教育得当，不管孩子的程度如何，性，给孩子本身和家庭带来的困难并不可怕。虽然青春期的困扰具有挑战性，但平安地步入青春期，平安地度过青春期的孤独症孩子也不在少数。科学的性教育，可以为孤独症孩子们有效地筑起规范“性”行为的堤坝。

孤独的孩子，孤独的“性”

被训练忽略的“性”课题

不当“性”行为更具有纠正的必要，但是我们对与性有关的问题行为的干预，远不如对其他问题行为的干预研究得那么深入、丰富，主要原因是：

首先，在家长看来，“性”的问题是孩子长大以后的事情，孩子小的时候，性教育并非迫在眉睫。性的困扰出现以前，其他方面的问题已经让父母疲于奔命，行为、情绪、认知、语言、交往障碍等，去训练机构、进幼儿园、上学校，每个问题都是摆在父母面前的一座山。对还没有到来的青春期，更多的父母不愿意、没有能力，也顾不上过早考虑。还有的父母甚至认为，经过早期训练以后孩子就正常了，还愁什么青春期性教育呢？从机构的角度讲，大量孤独症儿童的教育训练集中在学龄前，而这个时候，性问题还没有浮出，自然而然，“孤独症孩子的性教育”在孩子出生以后约 10 年内，一直没能纳入教育训练的日程表。

其次，即便现在是一个将“性”视为科学、开放话题的年代，性还是一个高度隐私的话题。当问及青春期孤独症孩子的性问题时，父母的回答往往避重就轻、支离破碎。这可能有父母心理上的忌讳，或者父母自己难以启齿，毕竟性的问题不像其他行为问题那样，可以放在桌面上畅谈。也有可能是父母缺乏观察、分析青春期孩子生理和心理变化的能力，无法概括出有价值的信息。

再次，对孤独症患者性问题的研究，是否可以来自他们自己提供的第一手资料呢？对普通人的性研究，主诉是一个重要的方式，但在孤独症患者这里却是行不通的。因为，性来自原始冲动所带来的生理和心理快感，而对于“感觉”的表达，孤独症患者存在非常大的障碍。我们能观察到的是在自慰状态下，孤独症患者的外表生理变化，能观察到的是孤独症患者注视异性时的眼神，能观察到的是他们希望靠近、触摸异性肌肤的欲望甚至动作，但他们的心理世界对性的感觉又如何呢？自主表达的极度贫乏甚至空白状态，让我们实在无法判断孤独症患者的“性心理”。

我们看到一个十七八岁的男孩在公共场所动手触摸一个青春期女孩的头发，遭到了女孩的白眼，女孩跑开了。当问到这个男孩“你为什么这样做”的时候，我们希望知道男孩摸女孩的头发是什么感觉，是他喜欢女孩吗？是女孩头发给了男孩嗅觉的快感还是他从女孩的头发上得到了嗅觉的某种刺激呢？或者就是一种视觉愉悦感呢？这个男孩并不能回答。而且，女孩的白眼意味着什么，男孩更不知道，至于遭遇女孩拒绝以后的挫败感、不好意思等高级情感就更谈不上了。

如果对孤独症“性”行为的研究，不能来自他们的主诉，那么，我们能应用的主要是自然观察法，这必然给我们理解以至于解决他们的性问题带来很大的局限。

最后，“不识庐山真面目，只缘身在此山中”讲的是人与自己所观察的客观物体之间的关系，而主观性的感觉体验却正好相反——“不识庐山真面目，只缘不在此山中”。孤独症患者感知觉异常，那么对于“性”的主观感受，是否也如同他们特殊的痛觉、听觉一样，他们是否也具有性感觉的特殊性呢？如果我们与孤独症患者不便交流，或者不能交流，对我们来说，因为“不在此山中”，必然也就“难识真面目”了。

性，作为一种内在的生理需要，它会通过孩子的外在行为表现出来，我们只能通过我们观察到的现象，对他们的性生理和性心理进行认识，这样一来，我们的看法是否完全符合他们的“本意”，这就是一个难题了。在没有更好的途径之前，我们依然要填补对孤独症患者性问题的认知空白，这实在是因为孤独症儿童的性教育万万不能是个空白！

◎ 孤独症“性”快感的来源

孤独症患者有自然的生理现象，但他们似乎不懂得在两性之间实现生理快乐的满足，他们更多地表现为自得其乐。第二性征的出现，男孩的遗精和女孩的月经，孤独症患者的这些生理现象与普通人没有太大的差异。从生理过程的角度审视，他们的生理反应似乎没有什么不同。

在与外界物的主动互动中，男孩和女孩都会发现满足自己的方式——自慰，他们发现这种方式是可以由他们自己控制的，比如在床上摩擦、手淫等。快感又使这种方式得到了强化，所以自我满足就会频繁发生。男孩因为生殖器官结构的原因，非常容易确定自身的哪些动作可以引起生理快感，所以，男孩自身主动的“性”行为比较多见。而女孩的身体结构使她们比较不容易找到自己获得性快感的方式，她们可能会用较长的时间，在较晚的时候，甚至成年以后，实现性的自我满足——自慰。但是，也有女孩在很早的时候出现了生殖器官的自我刺激现象。生理早熟，再加上无所事事，某次偶然的刺激，便会迅速地让孩子建立起自我性刺激行为。

正常人的性生理和性心理满足主要来自两性之间，而并非人与物质之间，也并非是自己满足自己，但在孤独症患者身上，异性和满足自己生理需要的关系很难建立起来。有的男孩表现出对异性的“好感”，比如，喜欢看漂亮的女孩，喜欢抚摸女性裸露的皮肤，甚至也会有表情和目光的反应，还有的孩子会去拥抱女性，但仅仅如此，并没有其他举动。没有其他举动，这不是道德规范作用的结果，因为在他们的意识中，没有性道德规范的概念，我们推断，这应该是因为他们“不知”。

而要让他们知道性快感实质上应该来自异性，有一种情况可以做到：让他们从异性那里体验到这种快乐。事实上，当对方不主动配合孤独症患者完成性的满足时，孤独症患者基本不会主动去“进攻”异性。因为完成两性之间的性活动，不但需要自然本能，而且需要一定的社会性，需要最起码的沟通能力。在两性关系中，程度再好的孤独症患者，也只能是一个配合与服从的角色，或者说，社会性的低下，使他们不具有主动地与异性之间实现性满足的沟通能力。

“性生理”与“性心理”的背离

社会性发展良好的孤独症患者是否有正常的性意识、性感觉呢？一个高功能孤独症患儿，经过教育训练，养成了良好的行为规范，包括“性”的行为规范。婴儿时期，这个孩子随地大小便，稍微长大以后，孩子被告知大小便时必须去卫生间，这个孩子开始时抗拒，经过一段时间，他接受了这个规范，但接下来的问题是当找不到卫生间，或者在野外没有卫生间、也不需要在卫生间里解决问题的时候，他仍然坚持要去卫生间。在家使用卫生间时，父母告诉他要关上门，孩子学会了，于是，只要进入卫生间，他就会刻板地把门关上，不管家中是否有异性或其他需要回避的人。在户外，父母告诉孩子上卫生间的请求要趴在家长耳边小声报告而不能高声喊叫以后，任何场合孩子都会趴在父母耳边小声说“我要上卫生间”，哪怕方圆十里并无人烟……也就是说，从行为的角度看，经过训练，与“性”有关的行为，他们基本上可以做到表达方式符合社会规范的要求，但从对性的内在体验的角度看，他们并非具有如同正常人一样的社会认知和心理感受。因为，行为是外塑的，而体验和感受是内省的，行为可以教，感受却太难教了。

一个社会性良好的成年孤独症患者，和父母一起看电视上出现的男女之间爱与性的画面，哪怕是赤裸裸的形象和动作，虽然他可以理解电视中两人之间的角色关系，知道剧中人物动作与语言的意义，但遗憾的是，他没有看下去的兴趣，也没有面红耳赤的心理反应。虽然有些孩子的自主活动能力、理解能力等都可以让他们去揭示性的“神秘”，比如，他们会使用互联网，会自己去购买书籍，等等，但是他们可能不会主动地使用这些手段去了解关于两性的知识。有些青春期的孤独症少男少女，也好像表现出了对异性的好奇与兴趣，比如，有的孩子会触摸异性的身体，有的会表现出对异性的关注，并且眼神里会有些许的激动和飘忽，面部会有微笑，但他们并不懂得对这些动作、表情加以掩饰，往往他们的这种表现反而会让被他们注意到的异性觉得不好意思而远离他们。他们谈论性话题很像谈论数学题，让人们看不出特别的地方。同龄人之间关于性方面的语言挑衅，他们基本上听不明白，而往往仅仅从字面意义上做出理解和回应。

于是，在性生理和性心理两个方面，我们看到了一种断裂现象。这种断裂不是提高理解能力就能填补的空白。他们在性的有关认知和表现方面即便看起来非常正常，但是在性的内在核心能力上，也就是与异性之间对快乐的感受和交流的能力上，或许存在着致命的缺失。维系两性之间的生理关系，对于他们也许是可能的，但是让他们去维系两性之间的情感沟通，他们严重失能。

这种断裂恰好是孤独症本质障碍的表现，这种断裂的缝合是极其困难的。面对这样一个群体，性教育有着特殊的目标和内容，也有着特殊的方法和操作过程。

孤独症儿童性教育操作

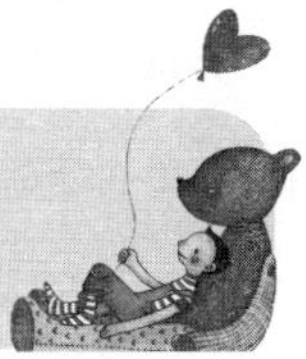

○ 孤独症“性教育”的内容

孤独症儿童的性教育，究其含义就是“性的社会规范”教育。它是一个与常人的性教育非常不同的命题。其实，无论孩子的性意识、性感觉让我们多么不可触及，所有的意识和感觉都必须表现在行为上，从这个意义上说，孤独症患者的性教育就是让“性”以社会规范允许的方式获得表达。

看起来，性问题随着青春期而到来，但性教育绝不能始于青春期。从自然的角度讲，性是人的本能之一，本能的“性”追求的是快乐；而从社会人的意义上讲，人之所以为人，是因为人类把最本能的需要纳入了社会规范的范畴。孤独症儿童的性教育就在于让孩子知道“性”的规范是什么，为什么人们要规范“性的行为”，这样的规范对孩子自己和别人意味着什么，我们应该怎样去遵守这样的规范，等等。

我们不是孤独症患者，无法设身处地地了解孤独症患者关于性的心理感受。表达的困难，使他们无法准确、深刻地描述他们的性感觉，性感觉本身的表达，在所有感受的表达中又难度最大，因此揭示孤独症患者性心理的难度让人望而却步。如果我们试图建设他们正常的性心理活动，几乎是不现实的。无论他们的心理活动内容、心理活动过程在我们看来多么具有隐蔽性、荒谬性、离奇性，其行为是外显的。特殊的性心理可以使他们保持自己性感觉的特殊性，但是他们表现出来的“性”行为必须符合社会规范。从这个意义上说，孤独症患者的性教育重点是对他们进行与性有关的行为规范教育。

无论孩子的自闭和智力的程度如何，严重的孤独症和轻微的孤独症在其他方面可以表现出差异，但在“性”的行为表达上却不能有差异。就算是一个严重的成年孤独症患者在大街上大喊大叫，这类行为也是可以被理解和宽容的，但超越社会规范的“性”行为却不会因为孤独症程度的严重与否而得到不同的评价。不管孩子的程度好坏、智力高低，与性有关的行为要共用同一把尺子去衡量，那就是社会规范。这个底线没有哪一个孤独症患者可以越过。

○ 修“渠”等“水”的性教育

性教育应该从幼年开始，与早期教育训练同时起步。或许我们没有把早期训练和“性”教育联系起来，但是我们看到，中等以下程度的孩子，如果早期一般行为规范建立得好，会为以后“性”的行为规范打下良好的基础。一个重度孤独症男孩到了青春期，不会在公众场所自慰，原因是在青春期到来之前，“进了厕所要关门，脱裤子一定要在厕所里，上床以后才能脱衣服”的规范已经牢牢地在孩子的行为中巩固下来，先把“渠”修好，当“水”到来的时候，自然就纳入了规范之中。一个连一般行为规范都没有建立好的孩子，性动力产生的行为就更得不到有效规范，到了那个时候，无疑就是雪上加霜了。因此，对于理解能力差、孤独症程度严重的孩子，早期建立正确的行为反应方式，对以后青春期性问题的处理会带来很多益处。

更深入地说，正确的“性”行为与对“性”规范的正确认知是分不开的，与孩子的自我意识发展水平是分不开的。一个不知道男孩和女孩区别的孩子，一个不具有性别角色意识的孩子，是不可能教育他懂得和自己的性别角色相符合的行为规范的。“我是女孩，我的身体和男孩不同，我的身体上有我自己的秘密，不能让别人看到，穿裙子的时候坐下来要两腿并拢……”大量的中度以上的孤独症儿童，包括类似孤独症儿童，对他们的性教育需要从早期自我意识教育入手，从思维训练入手，通过角色、角色行为认知，通过自我的主动控制而使青春期的性问题得到合乎规范的表达。对这类孩子的性教育内容更加接近正常儿童，不同的是，在童年期的每个教育环节上，都要用特殊的方式方法，去放大“性教育”的过程。

○ 孤独症儿童性教育操作举例

男孩女孩不一样

“性”教育的核心，实质上还是人与人之间关系的教育。两性关系，狭义地讲就是性别不同的两个人之间，以性的互相需要为基础而建立起来的社会关系。青少年孤独症以及大多数成年孤独症患者，虽然主观上不能把异性作为自己性满足的对象而有意识地建立两性关系，但是他们所有的“性”行为，包括自慰，包括非性意识支配下的“性”表现，只要发生时有第二者在场，不管对方是否是异性，客观上这些行为都涉及人与人之间的关系，也就是说，它实质上是孤独症患者本人和行为涉及对象的关系。

比如，高中在读的孤独症男生摸了女教师的头发，从这个男生的角度看，虽然这个行为不具有主观“性意义”，但从社会规范的角度看，男生的这个行为指向女教师是错误的。如果是一个学龄前的孩子，还是这个行为，还是学生和老师之间，这个行为是可以被接受的。如果还是这个男生，还是这个行为，如果行为指向的是自己的母亲，或者家里的其他女性长辈，这个行为也是没有错误的。问题出在这个男生选错了行为对象，归根到底，他是在行为对象与自己的关系的认知上产生了错误。孤独症学生要明白哪些是师生关系禁止做的事情，没有正确的人际关系认知，没有孩子对自己的社会角色的认知，就很难建立正确的行为反应。

自慰看起来是孩子的自我刺激，但这种行为只能是高度隐私的自我满足。也就是说，自慰的对象只能指向自己，而如果有他人在场，违背了指向自我的原则，那么，这个时候的自慰，就是一个被禁止的“性”行为了。所以，和性有关的行为是否恰当，核心还是对人与人的关系的认知是否正确。

关系认知应该是学前认知训练的课题，不过我们是否有意识地将关系认知推演到对男性和女性的关系认知上了呢？这需要我们反思。这是“两性关系”认知的起点，或许从早期训练一开始就被我们忽略了。

第一，认识男孩与女孩的外貌区别。

认识男性和女性，先从外显特征入手。外貌是两性的非本质区别，外貌具有直观、生动、形象的特点，孩子可以通过视觉进行分辨，这是对两性最初级的认识。外貌主要包括服装、发型、用品、装饰物等，还包括熟悉两性的生活习惯。

第二，认识男孩和女孩的生理区别。

认识男性和女性的生理特点主要指两性外在的生理特点，比如：男人长胡子，女人不长胡子；男性声音浑厚，女性声音柔美；男孩和女孩的生殖器官不同；等等。生理特点有些是显性的，有些是隐性的，认识显性特征的主要方法依然是让孩子感知两性的差异，在感知的基础上，需要使用语言为孩子进行比较和概括。

第三，认识男孩和女孩的行为方式和性格区别。

在前两步的基础上，认识的深度、难度要逐步提高。行为方式和性格特点不能在静态中直观认识，它反映在人做事的过程中，因而要在动态中认识，并且需要孩子具有一定的抽象概括能力。比如：男性力气大，女性力气小；男孩和女孩小便的姿势不同；等等。

第四，认识父母在家庭中的角色区别。

孩子可以从同龄伙伴或其他年龄的女孩和男孩，也可以从自己父母那里得到关于两性的上述认识。两性的最终区别是在生殖后代上扮演的角色不同，所以，对两性的认识要延伸到男孩长大了要做父亲，女孩长大了要做母亲，两性关系的认识到这一层次上才算完成。

第五，认识家庭中的多元两性关系。

每个家庭中都有男女两种性别，但两种性别的人之间关系的性质是不同的，要让孩子懂得母亲和儿子、父亲和女儿表面看也是两种性别，但他们和“两性关系”有着质的不同，由此可以泛化到祖父母与父母关系的认识上。

你是男（女）孩

孤独症儿童的性教育和自我意识教育密切关联。自我意识是“我”对我的认识，“我”对我与周围环境关系的认识。可以说，“性”是自我概念中最原始、最基本的内核，如果一个人不能意识到“我”的“性需要”、“我”的“性别”、“我”的“性行为”等这些属于“我”自己的东西，如果孩子不知道“我”对“我的性需要”怎样表达（实际上这不是“我”自己的问题，而是“我和别人的关系”的问题），那么，一个孤独症患者就会从纯粹自我的角度，而非“我和别人的关系的角度”去处理“我”自己的性需要。

一个青春期的女孩大庭广众下触摸陌生男性的生殖器，这个行为不是“我”自己的行为，而是涉及“我”和别人的关系的行为——“我”和陌生男人的关系，“我”和看到“我”的这个行为的其他第三者的关系。因为层层关系的存在，不是“我”自己想怎样就可以怎样的。没有这层意识，孤独症患者的“性”行为就不可能纳入社会规范的范畴。

剖析一个人的“自我”，其中和性教育有关的包括：

第一，从生理角度讲，孩子要知道自己的性别，知道男孩和女孩的外形区别和生理结构区别。当一个女孩模仿男孩站着小便的时候，我们不能只要求孩子蹲下来，而是告诉她为什么要蹲下来。两性区别不在于名称上，要按照孩子的理解能力，告诉她两性因生理结构的区别而带来的小便姿势的不同，进而让孩子了解自己的性别。

第二，从社会角色角度看，两性扮演不同的社会角色。不同的角色要有不同的角色规范和角色行为。我们教育女孩有人的时候不能脱去自己的内衣，青春期女孩不能随便抚摸男性身体等，这些都是社会对女性角色的规范，作为女性，行为应该符合这些基本规范。

第三，从心理自我角度看，孩子应该知道当自己违背了角色规范的时候，在自己的行为遭遇别人嘲笑、蔑视的时候，应该有心理上的羞耻、不好意思等感觉。

上述三个层次的完成，才能够使一个人的“性”行为社会化。没有自我意识的内在驱动，只依靠外力的强化来塑造社会化的“性”行为，有执行没有理解，这种做法适用于重度孤独症孩子。中度孤独症以上的孩子应该从自我意识培养的角度，在整体提高社会性的基础上，使性的表达也达到社会规范允许的水平。

一般而言，智力严重落后的个体，自我意识发展也会存在严重的障碍，自我意识不发展，性教育乃至整个社会化进程都会遭遇极大的障碍。行为方式是孩子整体社会性水平的直接表现之一，提高孩子的社会性水平，等于同步提高了孩子性的社会化表达能力。由此看来，智力是社会性的基础，自我意识是社会性的灵魂，使一个孤独症孩子的性行为符合社会规范，离不开智力因素和自我意识的支持。

第一，认识自己的身体结构。

在孩子认识了男孩和女孩的一般区别以后，要让孩子从一般到个别，对号入座，将自己作为自己的认识对象，知道自己的身体结构，主要是外生殖器的区别。孤独症孩子一般不会关注这个区别，也不会提出关于两性生理结构不同的问题。性教育的基本原则是孩子不问，大人不主动说。但是，当孩子问到，或者在行为方式上出现错误需要纠正时，比如，有的女孩模仿男孩站立小便，有的男孩问家长“为什么小鸡鸡会硬起来”的时候，不回避、不欺骗，直接告诉孩子正确的做法和答案。

第二，认识自己的性别。

“男”“女”仅仅是性别的命名，从社会性的角度讲，认识性别的含义是在命名的基础上知道自己应该有的行为方式。从服装、发型等可以感觉的方面入手，让孩子将两性的一般性特征和自己联系起来，如“我是男孩，我就要留男孩子的发型”。对性别的理解要具体化到孩子本人。

第三，知道自己和异性的区别。

“男孩和女孩的区别”，这是一个一般性的命题，而“你和 ×× 的区别”就具体化到孩子本人了。通过和异性的比较强调孩子的性别角色，强调两性的不一样，这主要是为孩子青春期学习两性之间正确的“交往”方式做准备。比如，告诉男孩“可以靠近男孩的身体，不能靠近女孩的身体”，告诉女孩“你的卫生巾不能被男孩拿走”。这些交往方式都要建立在对两性差异的认识基础上。先知道男女有别，在行为方式上才能区别男女交往对象的不同。

第四，知道异性之间的禁止行为。

孤独症孩子严重缺乏交往手段，他们在表达交往需要的时候往往用冲撞、拥抱或者其他带有“攻击”色彩的方式。有的男孩喜欢拥抱女孩，其实，从幼儿园大班起，这个行为就应该被禁止了。孩子表现出和别人沟通的愿望实属难得，禁止是否会打击孩子呢？“禁止”不是让孩子不去做，而是告诉孩子怎样做是正确的。异性晚辈和长辈之间，有一些身体接触是被容许的，但这很容易使孩子误以为自己和其他异性之间也可以有身体接触。孩子如果有理解能力，一定要告诉孩子选择好行为对象，而对理解能力不足的孩子，要强制禁止。比如男孩喜欢嗅妈妈的头发，在家里可以允许他做，当对象换成其他女性以后，就需要禁止。

关上卫生间的门

父母往往把孩子学会使用卫生间和自理能力联系起来，而很少和性教育联系起来。正确使用卫生间的基本含义有两个：第一，指孩子能够正确使用卫生间内的物品、设施，按照正常的程序独立处理大小便；第二，指孩子懂得卫生间是处理个人私密事情的场所，只有在卫生间里才可以暴露自己身体的私密处，比如在卫生间里可以更换内衣，或者做其他需要回避异性的事情。知道卫生间和个人隐私的关系，完成这一认知，才叫作最终会使用卫生间了。

第一个层次的意义，是生活自理能力范畴，而是否懂得第二个层次的意义，则是与孤独症孩子的自我意识、认知发展高度相关的，是孩子社会性发展水平的表现。在这两个层面上教会孩子使用卫生间，就是性教育的一个重要任务。事实上，真正会正确使用卫生间的孩子，性教育的难题就基本解决了，因为使用卫生间包含了隐私、回避等重要的“性”行为的社会化规范。

第一，认识卫生间的功能。

不少孤独症孩子处理大小便存在障碍，有的孩子有自己独特的排泄场所和排泄习惯。比如：有的孩子不进卫生间，坚持在卫生间外排泄；有的孩子已经长大了，仍然像小时候一样在公共场所随地大小便；有的孩子不会使用坐便器；还有的孩子顽固坚持在固定的场所排便，如必须回到自己家排便。这些问题大大地局限了孩子的活动空间，家长从来不敢带孩子远离家门，为的是随时方便回家。

这些困扰，有的是孩子本身的问题，但教育方式一定在这里起了重要的作用。比如，孤独症孩子刻板，当形成一种行为方式以后，再改变极其困难。针对这一点，一开始就形成正确的反应非常重要，一旦错误习惯已经形成再去纠正，可能将面对巨大的麻烦。

一个 10 岁的孩子还不肯使用坐便器，坚持用小便盆大便。一个 9 岁的孩子坚决不在公共卫生间大小便。实际上，孩子三四岁的时候使用小便盆是正确的，五六岁的孩子知道回家大小便也是正确的，但是如果没有及时进行便盆和卫生间功能的泛化，那么，孩子就会固定在某种模式上，孩子学会的是“一个问题”的解决，而不是“一类问题”的解决。便盆不论形状、颜色、材料如何，其功能是一样的。无论哪里的卫生间，无论其面积大小、坐落何处、便池的形状如何，其功能也是一样的。在我们为孩子学会使用“那一个便盆”“那一个卫生间”而高兴的同时，接下来的任务就是促进这个行为的迁移。

从小将大小便固定在卫生间里，在孩子还不会自主使用卫生间的时候，有意识地让孩子观摩大人使用卫生间的过程，强化卫生间和大小便的联系。同时，将卫生间作为“一类”场所来认识，而不是固定在“这一个”卫生间上，这对孩子自己独立使用任何卫生间都是一个必要的准备。

第二，正确使用各种卫生间处理大小便。

在自理意义上使用卫生间，这是一个循序渐进的过程，需要从易到难地训练。分解整个过程，逐一地辅助学习，然后再撤销辅助。无论何种程度，在 6 岁以前，应会基本独立使用卫生间处理大小便，最晚不应该超过 8 岁。家长需要克服的一个心理矛盾是，知道孩子必须学会，又担心孩子出现麻烦，辅助孩子的时间过长。特别是大便的处理，问题比较多。孩子一次大便几乎会使用一卷卫生纸，自己处理不干净，等等，这些问题成了我们包办的原因。其实，早一点儿给孩子机会，可能孩子就会早一日学会。

第三，关上卫生间的门。

使用卫生间的一个重要规则是，进入卫生间以后关上门。“关门”的动作与处理大小便相比要容易得多，不管孩子是否理解关门的意义，这个反应方式都可以教会，而这个行为将对孩子以后“性”问题的处理产生积极的作用。关上门以后，就出现了只有孩子一个人的空间，接下来就有了处理私密问题的合理场所，这为后面的“性”行为做好了初步准备。当然，孩子学习关门需要有家里人进入卫生间关门的示范，需要经过反复的提示。学会关门以后，也许会形成机械反应，但是这一步的学习在性教育上的作用至关重要。

第四，知道哪些事情要在卫生间里处理。

卫生间的功能除了处理大小便以外，实际上关上门以后的卫生间几乎就等于“个人隐私空间”，所以，凡属于需要回避别人视线的事情都可以在卫生间做。在性教育上，要让孩子知道，卫生间里发生的一定是和“性”有关的事情，比如，整理内衣时需要裸露身体、整理女孩子的卫生用品、男孩和女孩的自慰、洗澡等，差不多都和暴露身体有关系，都属于要在卫生间里做的事情。关门是为了进一步学习在卫生间里可以做而不能在外面做的事情。

你要自己睡

与父母分床睡是孩子成长必须完成的一个课题。因为孤独症儿童自理能力差，还有的孩子睡眠困难，有情绪或者行为障碍，这会让父母迁就孩子，分床、分室睡的时间可能会晚一些，但绝不等同于他们可以无限延长和父母共寝的时间。分床、分室就寝是社会性教育的内容，孩子性别意识的发展和我们平时生活中是否注意随时随地让孩子感知到两性的区别有关系。一个15岁的男孩，如果一方面和母亲同床睡，一方面被告知要和女性保持适当的距离，这两者是矛盾的。

当然，孤独症孩子在情感发展上的特殊性，有时候会发生“婴儿依恋补偿”的心理需要，比如婴儿期没有充分发展依恋关系的孩子，在七八岁甚至更大的年龄时，反而需要与母亲亲昵、搂抱，这种滞后性需要是孩子心理发展断档的结果，母亲可以满足孩子。但是，一定要告诉孩子容许的时间和场合，尽可能回避公共场所，因为孩子的社会角色已经不再允许与母亲在公共场合过于亲昵了。要处理的一个矛盾是：是该因为孩子心理年龄幼稚而迁就孩子，还是应该因此而提高社会性要求来促进孩子心理年龄的成熟呢？要求高于孩子，可能给孩子挫败感；要求低于孩子，可能会延迟孩子的心理成熟。这就要求视孩子的整体情况，具体问题具体分析。一般情况下，适度提高要求是可取的。其实，孤独症儿童社会性的滞后，某种程度上形成了一种恶性循环：因为孩子落后，我们以为孩子做不到、不明白，就不要求孩子；因为我们没有及时给孩子提出适当难度的要求，所以孩子就在原地持久停滞。孩子较晚或者不能实现独立睡眠，可能是这种恶性循环的一个例子。

第一，与父母分床、分室睡。

性别角色的教育不能只靠语言，也要靠孩子可以感知到的生活习惯和行为方式。普通孩子与父母分床睡的意义在于避免孩子了解两性之间的私密活动，避免刺激孩子的性早熟。同龄孤独症孩子对此是麻木的，对他们来说，分床的意义是促进他们“性别”概念的形成，特别是男孩和母亲的分别、女孩和父亲的分别，应该及早给孩子确立起来。

实现分床、分室睡的年龄应该以普通儿童为参照，但孤独症孩子个体差异很大，有的孩子基本没有困扰就可以和父母分室就寝，也有的孩子适应过程会比较长。其实，家长的观念更为重要，我们是否意识到了这一点，是否将它作为教育训练的课题之一，这是关键。如果孩子没有必须由父母陪同睡眠的理由，就应该实现分室就寝。

第二，拉上睡眠室的窗帘。

和关上卫生间的门一样，拉上睡眠室的窗帘不是一个简单的动作，它的真正意义是让孩子懂得个人与他人的关系，懂得睡眠室是属于自己相对私密的空间。学习拉上窗帘比学习关上卫生间的门难度要大一些，原因是睡眠行为的私密性是相对的。比如，我们通常看不到室外暴露的大小便行为，但我们经常可以看到有人在室外甚至公共场所的睡眠行为，因而睡眠室的私密性教起来会有一定的难度。另外，白天拉上睡眠室的窗帘和夜间又有不同。白天窗帘的主要功能是创造睡眠环境，防止强光刺激，而夜间就不同了，窗帘的主要作用是阻隔他人视线，保护自己的隐私，特别是后一层意义，孩子理解起来难度较大。

完成拉窗帘的认知，是要让孩子明白夜间拉窗帘阻隔视线的作用，但最大的难点是从保护隐私的心理需要来理解窗帘的作用。当后一个难点突破后，才能说孩子真正会拉窗帘了。

第三，不打扰父母和别人的睡眠。

性教育有两个层面的要求——不暴露自己的隐私和不触犯别人的隐私，这两者应该同步学习。别人的什么不能动、不能看、不能问，都要明确告诉孩子。比如，青春期孩子应该知道不能打扰父母的睡眠，睡眠时间进入父母的睡眠室要得到允许。家庭生活中我们不会给孩子做这样的规定，即便规定了也很难执行，父母总是有理由原谅孩子的违规。其实，这个要求的意义在于让孩子理解人与人的关系，理解自己和别人之间的界限，防止孩子在两性之间发生被禁止行为。如果在家人关系中从来没有这种内容的教育，孩子以后难免会发生触犯别人隐私的不当行为。同样，我们要在进入孩子个人睡眠室的时候给他正确的示范，比如敲一敲孩子的房门。

第四，知道哪些事情必须在睡眠室做。

睡眠室相对厨房、客厅等家庭公共活动空间，是一个私密的地方，家庭各种空间的功能需要让孩子知道，特别是睡眠室与其他空间的区别。更重要的是，让孩子知道自己私密的事情应该在睡眠室做，比如换衣服，赤裸自己的身体，特别是自慰。如果没有给孩子明确的功能区别的概念，那么，不当空间发生不当行为就很自然了。孤独症孩子的青春期教育，需要做好这些铺垫和准备，以后当“水”到的时候，“渠”已经修成了。

你自己洗澡

洗浴在孩子的生活自理中是比较复杂的，因此父母辅助、陪同洗浴的过程也会比较长。很多父母的理由是“他自己洗不干净”，洗浴的过程往往也只被父母当成“讲卫生”的过程，而没有同步渗透性教育。异性家长陪同孩子洗浴，到了一定的年龄必须终止。也许我们认为孩子不懂而推迟了终止的时间，这会给孩子认知两性带来一定的干扰。独立洗浴在孩子心理成长上的作用，如上所述，与关上卫生间的门、拉上窗帘是相同的，这是孩子学习“隐私”和“回避”的过程。

第一，学会清洗自己身体的各个部位。

认识自己的身体，洗浴过程是最合适的教育机会。洗浴最重要的作用是清洁身体，而需要清洁的部位包括性器官，不论男孩还是女孩，性器官的卫生都关系到孩子的健康。特别是到了青春期，自慰以后的处理包括孩子要自己清洁性器官和内衣，性器官的清洁最终不能由父母代劳，所以在青春期到来以前，需要培养其相应的能力。最迟到幼儿末期，孩子不应该再和异性家长一同洗浴。

第二，关上浴室的门。

无论是与同性家长共同洗浴，还是独立洗浴，关门都是一个重要环节。在我们反复给孩子做出示范和主动地“尊重孩子隐私”的前提下，对孩子强调“自我尊重”和尊重他人隐私，这是必要的性教育。

请参考前文提到的正确使用卫生间及独立睡眠问题。这里需要说明的是，与使用卫生间一样，要将洗浴泛化到各种洗浴场所，包括公共浴室。

这是女孩的秘密

几乎每个发展有障碍的女孩父母都会担心其是否能处理好自己的月经，这种担心包括几方面：第一，她们是否会主动报告家长自己出现了状况，需要家长帮助。如果没有主动报告的能力，那么，尴尬就可想而知了。第二，她们是否会独立使用卫生用品，不出现污染衣服等麻烦，就像她们自己要学会处理大小便一样，月经的处理是不能要求母亲或者他人经常辅助的。第三，她们是否知道月经是女孩的秘密，是私人的事情，是否知道月经的处理要回避他人。

从现实情况看，一些情绪、行为有严重问题的女孩基本能处理好自己的月经，常规情况下没有太大的困扰。但是，智力严重落后的女孩，遇到的麻烦要大一些。实际上，处理月经这种高度隐私的事情有两个难点：第一，处理月经的程序孩子是否能学会。目前看，使用、更换卫生巾不过是动手技能，一般的孩子都可以学会。第二，真正的难点是理解“隐私”的概念，并在行为上能够有意识地保护自己的隐私。这是一个纯粹的社会性发展指标。

第一，预先示范。

在青春期到来之前，应该由母亲给孩子示范月经的处理过程。如果有条件，让孩子看到其他女孩怎样使用经期用品。月经初次来临可能会发生在任何时间与地点，因为已经为孩子做了准备，孩子出现月经以后，在她看来，月经已是一种自然而然的现象。

第二，教给孩子相关的知识。

给女孩讲解月经的知识并不是只讲处理过程，还要讲以下几方面内容：记住自己的月经日期，购买经期用品，在家里、学校或者外出活动时，会妥善保管自己的卫生用品，在卫生间里会独立处理月经，并且会检查自己的衣服是否被经血污染，会换洗被污染的内衣，等等。

告诉孩子月经的规律，让孩子记录自己的月经日期，以便在下次月经到来之前做好准备。带孩子学习购买经期用品，以后实现独立购买更好。先辅助孩子使用卫生用品处理好月经，然后逐步撤销辅助。每个环节都需要特意学习，包括保管自己的卫生用品。保管的意思是，一方面有固定的地点存放卫生用品，另一方面知道女士卫生用品是处理自己的私事需要的，注意卫生用品的私密性。特别是孩子在家庭以外的地方活动，比如上学、外出等，父母不要替孩子管理这些物品，让她学习自己管理。

第三，知道向女性请求帮助。

孤独症孩子一般不会询问有关月经、性的知识，她们没有兴趣，也不知道处理不好这些事会给自己带来尴尬，所以，我们不能等孩子主动提问，而应该将可能发生的麻烦和处理方案预先告诉孩子。

孤独症孩子的活动大都会在家长的监督管理之下，但是，难免有我们监管不到的时候，要告诉孩子发生意外情况可以向谁求助。一般情况下，我们可以告诉孩子向女性长辈求助。比如，万一没有带卫生巾，万一污染了衣服，给妈妈打电话，或者报告女老师。

等上床以后

到了一定的年龄，男孩和女孩都会有自慰行为，他们面临的相同问题是，是否理解这种行为是高度自我的行为，是只能属于自我的快乐，而不能公示于任何人。重度孤独症男孩和女孩，一旦社会性低于一定程度，其自慰行为就成了没有任何社会规范约束的自然行为，其极端的表现就是在公共场所暴露生殖器官，甚至自慰。如果没有上述性教育准备作为基础，那么，在青春期问题真正出现以后，再行纠正就非常有难度。

青春期的孤独症孩子，因为无所事事，没有正当的释放自身能量的活动，在营养、体能、精力过剩的情况下，注意力就会过度集中于自己的身体刺激，因此，他们的性动力超过普通孩子是常见的。如果没有对自慰行为的社会规范，青春期以后，将有大量的孤独症孩子难以走出家门，这是造成青春期退化的重要原因之一。因此，青春期到来之前的性教育准备非常重要。对于自慰行为的社会化处理方式，无论任何程度的孩子都应该学会遵守社会规范。在性的社会表达方面，只有一个原则：理解的要执行，不理解的也要执行。

第一，让孩子懂得自慰的行为限制。

对于社会性极其落后的孩子，虽然不能理解，但是靠强化建立正确的反应方式依然是可行的。自慰行为实际上和孩子晃手有着共同之处，其发生频率的高低和孩子是否处于孤独的自我迷恋状态关系密切，因此，占用孩子的时间和精力，使其实现自我刺激欲望的被动转移就是方法之一。当然，让孩子进入主动调节的轨道，才是根本出路。明确告诉孩子可以自慰的时间和空间，这就给了孩子主动调节的方法。自己的床、独立卧室、独立卫生间，都可以作为允许自慰的场所。

第二，利用大运动量消耗孩子的体能。

孤独症孩子在无外界拉力的作用下，很难进入某种活动过程，即便进入了，也难以自主维持活动的进行，而且青春期孩子的身高、力气一般都已经超过父母，再用被动控制的方式管理青春期的孩子，父母越来越无能为力。所以，给孩子提供一种体能消耗方式，无论是运动还是体力劳动，对于他们平安度过青春期有很好的辅助作用。如果孩子“无事”，那么就必然要“生非”。

第三，丰富孩子的社会生活。

用丰富多彩的社会性信息刺激占据孩子的头脑，可以减少孤独症孩子自我刺激的时间和机会，这是最积极有效的调节方法。上学或者其他有意义的生活方式都可以起到这种作用。“做有意义的事情”，几乎是矫正孤独症最有效的方法，包括积极主动地解决性刺激的困扰也要靠这种方式。不过，因为他们差不多没有参与的兴趣和能力，使这一措施难以长久贯彻，他们需要他人全程陪同，这样苛刻的要求基本上每个家庭都不能完全做到。给孩子“没事找事”，长久地陪同孩子做事，这是一个难耐的过程。给孩子一种有意义的生活，即便没有特殊的训练方法，生活本身就可以实现最好的治疗。

会有人欺负你

家有特殊女孩，家长对性侵犯的担心使生活增加了又一重负担，也使教育孩子增加了又一重困难。其实，遭遇性侵犯的风险，在每个女孩身上都存在，只是孤独症女孩面临性侵犯时，因为她们不懂得识别、回避和自卫，风险系数极大地增加。这个问题会让父母寝食难安，为了安全，很多家长甚至减少了女孩独自走出家门的机会。

完整看待性教育，一层意思是教孩子对自己各种“性”需要的表达方式要正确。另外还有一层意思是面对他人的性表达，要教育孩子怎样做出反应。比如，孤独症孩子是否会识别来自他人的善意或恶意的性表达并做出反应，特别是恶意表达，包括对对方眼神、语言、行为方面的挑衅意向、侵犯行为的识别和处理，这也是必须教的。

对恶意性侵犯的正确处理，要比教育孩子性的自我表达更难，因为能够对孤独症女孩实施性侵害的一方，其社会性都会高于孤独症孩子，在社会经验、社会认知、社会功能的对抗上，孤独症孩子处于绝对弱势。恶意侵犯来自他人，侵犯一般具有情景性、突发性和偶然性，很多因素是我们不能预先设计的，这给教育我们的孩子识别和防范性侵犯造成了很大困难。但是，这一课是必要的。

第一，利用图书和音像资料。

性侵犯情景在生活中很难或者几乎不可能找到活生生的现场教材，它又不能像其他行为教育过程，我们不便给孩子示范、演示。如果没有实物和动作感知的支持，孤独症孩子对性侵犯情景的认识就会产生困难，因此直观、生动、形象化的性教育是非常必要的。各种图书、卡片、模型、器具、音像材料等，都是可以利用的手段，千万不能离开形象用语言去说教。

这些方式、手段可以帮助孩子认识性活动本身，这是孩子认知性侵犯的基础。无论如何，识别性行为是识别性侵犯的前提。给孩子指出什么样的行为是性行为，要直截了当地将关键的典型的动作和过程告诉孩子，不可含糊其词。

第二，利用影视纪实报道和文学作品。

在纪实和文学作品中会有一些性暴力、性侵犯的实况录像，适时指导孩子观看，同时进行简明扼要、直指要害的解释说明，目的是让孩子看明白什么是性侵犯。虽然这些并不能防止性侵犯的发生，但我们给孩子头脑里储存的信息，在一定的情况下，或许会起到帮助孩子的作用，起码比孩子头脑中一片空白要好。

第三，回避和预防。

回避和预防是最可行的自我保护措施。告诉孩子不能和成年男性独处，在公共场所要观察自己周围有什么样的人，比如，在公交车上不靠近成年男性，独自外出要在人多的地方行走、不去人少的地方，等等。孤独症孩子学习一个规则也许会不恰当地应用它，或者刻板执行，或者过度执行，但宁可如此，也要告诉孩子一些基本的自我保护措施。

同样，孤独症男孩也在一定程度上有此困境。在这方面的教育和对男孩的保护，家长也不可忽视。

“性”教育的支点

○ “性”的背后是什么

一个孤独症孩子与“性”有关的行为表达能在多大程度上符合社会规范的要求，社会性教育会在多大程度上产生多大的效果，这和孩子自身的孤独症程度相关，和孩子的智力水平相关，和孩子的自我意识相关，我们不能期待所有的孩子经过教育都能够习得同一水平的“性”行为的社会化表达方式。

对不同程度的孩子，性教育的方法和过程是不相同的，大致按照重度孤独症和中轻度孤独症两大类划分，其性教育的层次也基本上分为两大类。对于重度孤独症儿童，由于他们的理解能力及自我意识的局限，我们期待利用行为矫正技术，塑造其能够被社会接纳的“性”行为方式。而对于程度较好的孩子，无疑，智力开发和自我意识培养是最重要的基础准备。

性，不是自我的行为，怎样表达性，是和孩子对人与人之间的关系认知分不开的。关系认知需要一定的理解力，早期智力开发应该把关系认知，即思维训练作为一个重点。关系认知训练起源于认识物与物的关系，认识物与人的关系，重点应该指向对人与人关系的认识。如果我们不能主动地将早期智力训练和孩子的社会性发展联系起来，不能和孩子的性教育联系起来，智力训练虽然做了，但是它或许并没有对孩子建立正确的“性”行为提供有效的帮助，这是非常遗憾的。

性，又是自我的行为，它是“自我”中包含的重要内容，没有对“自我”的意识，就无法从“生理自我”“社会自我”和“心理自我”的角度去感觉“性”带给“我”的一切。不知道“性”是属于“我”的一部分，那么，就不会有对自我之“性”的占有、支配和控制的概念，就不会将“我的性”纳入社会人之间的关系中去认识和调节。“社会自我”“心理自我”的残缺，必然带来“性”行为的非社会化，这一致命缺陷的存在，无法让孤独症孩子从根本上赋予“性”以社会化的内涵。没有自我形象的追求就没有羞耻，没有羞耻就没有忌讳，没有忌讳，性就成了纯粹自然的动物行为。由此可见，性教育绝非仅仅靠技术外塑行为就可以解决，它一定需要开发智力，需要内炼“自我”。

○ 孤独症儿童性教育操作提示

应用具体灵活。本文中涉及的性教育内容和方法，重在给家长和教师提供思路，希望家长结合实际进行拓展和延伸，而不是刻板照搬。不同的家庭，生活环境不同；不同的孩子，“孤独”程度不同；不同的父母，能力素质不同。在实施性教育时，一定要灵活应用，具体问题具体分析。孤独症教育，任何一般性方法，都必须在应用中进行再创造，没有一成不变的适合每个个体的操作方法。

教育未雨绸缪。性教育起源于幼儿时期，所以，早期教育训练不能忽略性教育。性教育是社会性教育的内容之一。既然性教育和智力开发、自我意识培养、行为矫正等相互关联，那么，性教育绝不能“就性论性”。

方式生动形象。性教育的主要途径是在家庭生活中随时随地进行，性教育的辅助教育方式是课堂桌面教学。性教育的主要方法是利用孤独症儿童动作思维和形象思维的特点，从动作和形象入手，在此基础上，再用语言进行抽象概括，要注重让孩子形成能力迁移。本章中的性教育操作，或许我们认为有些是孩子难以学会的，其实，只要我们把抽象的东西具体化，大多数孩子是可以教会的。需要提醒的是，对孤独症孩子，“性”要明明白白说出来。也就是说，性教育要形象、要生动，语言要直接、要明白，同时要注意简练明了。在长篇大论中，孩子很难区分重点和要害。

时间适当延迟。孤独症儿童性生理指标与正常儿童对应的年龄阶段基本一致，而性心理显著滞后或者具有不同于普通儿童发展轨迹的特殊性。所以，本文中对孤独症儿童的性教育操作的进展时间，一般参照普通儿童延迟两三年，比如普通孩子10岁明白的道理，孤独症儿童可以延迟到12岁左右。

难度合理分解。文中涉及的性教育操作难度，大致是按照孩子的认识能力从低到高安排的，性教育操作的安排要适合孩子的认知特点和心理发展规律，其基本思路是前面的操作要为后面做准备，后面的教育操作是前面的提高。青春期的孩子如果发生了不当性问题，要检查这些教育操作在哪个环节上有漏洞，即便孩子已经十五六岁，也要从最低级的性教育补起。

通过社会性教育，将“性”行为纳入社会规范的渠道，对绝大多数孤独症孩子来说，这是可行的。家有“星儿”初长成，性教育是父母必须面对的课题。有些重度孩子的性问题可能会常年困扰家长。性，虽然会与担忧、烦扰共存，但孤独症社会性教育的前提，就是把我们的孩子看成一个有尊严的人，变成一个有尊严的人！

第七章

拯救孩子，拯救自己

——一路同行的父亲母亲

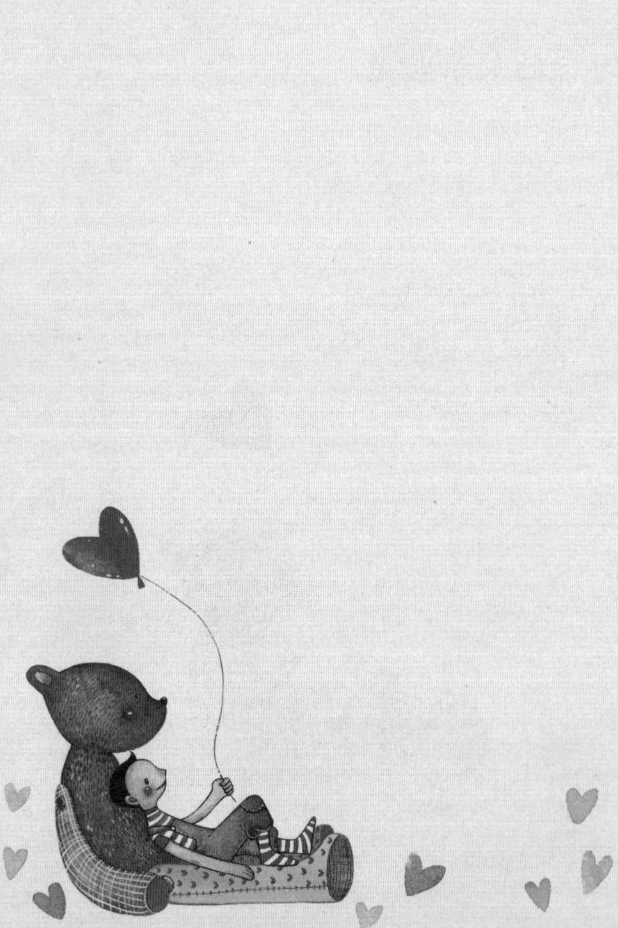

依然是中流砥柱

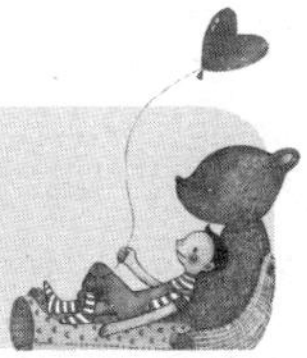

不变的是父母

自 20 世纪 80 年代以来，中国孤独症的明确诊断已经有 30 多年的历史了，孤独症家庭康复教育先于机构，有的孩子甚至在获得医生的诊断之前就已经起步康复了。30 多年的峥嵘岁月，那是多少个不同寻常的日子，又发生过多少悲喜交加的故事。同在蓝天下，孤独症患儿的家庭走过的却是艰苦卓绝的历程，生活的主旋律因此变成了抗争——与疾病、与环境、与自我、与命运的抗争。

30 多年过去了，更多的母亲柔弱的肩上扛起了这一人生的不幸，更多的父亲因为这一不幸而改变了自己的命运。然而，在数不清的挫折与绝望中，中国的父亲母亲喊出的依然是：“拯救孩子，我决不放弃！”

30 多年，不过是历史长河中的一瞬。30 多年，当年的孤独症儿童早已是一个生理意义上的成年人。然而，不同的是，后天教育环境、康复过程的不同，使他们在不同的程度上实现着自己的社会性发展潜能。有的孩子可以达到或者部分达到社会生活自立，有的可以做到社会生活自理或者半自理，也有的孩子成年以后依然随时需要别人的监护。婴幼儿时期是孤独症康复的起点，30 多年以后，在康复终点上，我们看到的是，同为孤独症患者，他们在社会性上的差距要比在起点时大得多。原因出在哪里？在孩子遗传一定的条件下，30 多年，父母怎样走过，孩子又怎样走过，这是决定终点差距的关键条件。

30 多年社会变迁，使孤独症康复的外部条件发生了很大的变化，“拯救孩子，我决不放弃”，这是父母内心深处从来都没有改变的信念。然而，“怎样拯救孩子”“谁来拯救孩子”，随着时代的变化，却有了越来越多元化的答案。

30 多年以前，由于社会对孤独症的认知程度很低，能够帮助孤独症家庭的信息、人力、教育资源几近贫瘠，一个孤独症孩子康复需要的一切条件几乎都要父母自给自足。到了今天，各种资源之丰富是历史上任何时候都不能比的，这是当今父母和孩子的福音，但同时，某种意义上看，也给今天的父母摆脱亲身投入、寻找各种代劳提供了便利的条件。

“老师，您说，多少钱能把这个孩子训练好？我把孩子交给您了。”“一个老师不够，那我就给孩子找两个老师。”“没有幼儿园接受我的孩子，我可以为孩子自己办一所幼儿园，我请最好的老师。”“我期待着孩子在机构训练中能突破三个问题……”这样的请求、这样的做法，不管其中有多少可以理解的成分，它仍然和孤独症康复教育中父母作用的定位具有差距。

无论时代怎样千变万化，一代又一代孤独症儿童的成长，在不断验证着这样一个不变的道理——父母在康复教育中的重要作用是他人不可以替代的！

○ 康复就是生活中的长征

孤独症康复的核心是对患儿社会性潜能的开发，而社会认知、社会情感、社会行为等的构建与重塑，不是一年半载，也不是三年五载就能告终的，它是一个长期的、持久的过程，甚至要贯穿孩子成长的始终。短期的强化训练相对于康复的万里长征来说，只相当于百米短跑。

在康复教育中，没有长期量的积累，则难以产生质的飞跃，短期强化训练所取得的进步，没有家庭中长期的巩固练习，特别是没有生活中的实际应用，其康复成果难以保存。即使我们的方法再正确，很多时候衡量一个孤独症儿童进步的时间单位不是“月”，而是“年”。孤独症的教育训练不是“急风骤雨”，而须“水滴石穿”。谁能够和孩子一起走完如此漫长的康复之路呢？只有父母！从这个角度讲，家长的作用独一无二！

我们对孩子做的所有训练的意义到底是什么呢？归根到底，训练是以孩子生活中解决问题能力的提高为目的，以孩子的生存适应能力的提高为目的，无论我们在自己给孩子设计的训练环境——机构中，教室里，桌面上——将一种技能训练得多么完美，将一种情景模拟得多么酷似，最终孩子都要实现向实际生活的能力迁移。在生活中会用，它是任何形式训练的终极目标。如果不能实现向生活的迁移，再好的训练都会失去意义。

真正需要孩子去解决的问题，大部分发生在家庭生活中，在家庭为孩子创造的各种社会活动中。课堂训练的时间、内容、形式都是有限的，而生活中的应用，从时间的持续性到内容的广泛性，到形式的多样性，再到情景的真实性，都是课堂训练无法比的。训练与应用密不可分，这就让家庭、让父母成了不可或缺的康复教育的重要场所、重要角色。

我们的康复训练走了这样一个定式：我们先设定孩子要学会一种技能，他们当下的状态距离我们的目标很远，于是，我们就从孩子现有的基础开始训练。这个过程也许很长，不仅如此，关键是孩子自己很难理解大人让“我”做这些训练的意义。如果孩子无法理解自己做的桌面形式化训练对自己的生活、对父母的生活、对家人的生活到底有什么用处，那么，他们能理解的恐怕就局限于“我听大人的话，做对了就可以吃到饼了”。我们的思维被死死地束缚在这样的训练逻辑中，甚至有的父母多年都无法从中自拔。

其实，孤独症儿童泛化本身就有巨大的困难，有些训练内容应该直接在生活中进行，从孩子要解决的问题入手，在解决问题中发现孩子的能力欠缺，缺什么就练什么，练的目的就是解决问题，这样孩子很容易建立训练和解决问题的因果联系。训练就是解决问题，解决问题本身又是训练，训练、应用合为一体。

从终点目标倒推应该做哪些早期康复训练，这是思维角度的调整。这一调整的关键点是我们对生活就是训练的深刻理解，而落实它需教育者具有贯通“桌面训练”和“生活训练”的能力。程度低的孩子，更加适宜这种做法。

教育、训练，恰似生活中的万里长征。“父母与你同行”，无论过去、现在和将来，想要拯救孩子，这一点不会改变！

○ “点睛”还须亲子情

孤独症儿童社会情感障碍的攻克是孩子社会化的难点，因而情感启发和培育是康复中最为艰难的课题。如果不能实现正常的情绪表达和情感沟通，那么即使孩子其他功能再好，终其一生，孩子也是孤独地生活在自己的世界里，在他人眼里，孩子永远是一个“外人”。某种意义上看，情感教育是孤独症康复工程中的“画龙点睛”之笔，打通孩子的情感沟通渠道才能唤醒人的灵性，使孩子成为真正的、完全意义上的社会人。

情感唤醒的难度远大于技能训练，它需要高强度、高密度、高纯度的情感灌输与渗透的过程，需要在情感氛围中感知、接受、熏陶。孤独症儿童的情感世界如同一个黑洞，相当长的时间里，他们对感情只有吸收，而无输出。恰是这种长期的、单向的情感传递，才能给孩子搭建起走出情感黑洞的阶梯。

母子之情、父子之情，爱之深、情之切，无人可比，这种天然之爱，从其强度和纯度上来说，是其他任何人不能替代的。父母对孩子因血缘而产生的情感能量，自然会转化成对孩子最真诚的期待和爱护，它会通过父母的行为、语言、表情传达给孩子，形成父母和孩子之间看不见的“情感场”。这个“场”潜移默化、日夜不停地叩击着孩子封闭的感情大门，毫无疑问，家长是培育孩子情感的“老师”。

30 多年，以至于永远，孤独症康复的环境、条件千变万变，而亲子情深永不会变！

○ 家是孩子康复的航母

归根到底，社会性发展是在真实的社会环境中实现的——在环境中发现孩子的问题，在环境中解决问题，孩子在环境中学习，在环境中进步，最后达到与环境和谐共处。社会环境是孩子学习的最好场所，对环境的适应也是检验孩子社会性的最后标准。固然，我们可以将孩子的各种障碍分解，一个方面、一个方面地去进行强化训练，而在生活中让孩子解决实际问题需要多种能力的综合，更需要给孩子提供长期的环境支持。桌面的东西怎样在社会环境中得到应用和提升呢？家庭、家长无疑是实现泛化的重要枢纽。

一个孤独症孩子实现康复，需要全社会共同为其创造宽容与接纳的环境，这一社会条件的获得，不仅需要全社会人文理念的文明化，更需要法律与制度的保障。30 多年，经过家长们的不懈努力，社会环境虽然已经有了很大的改善，但现阶段的中国，家庭依然是孩子康复教育的主要基地，父母依然是康复训练的主要设计师和操作者。30 多年的事实，证明父母的素质、家庭的支持决定了孩子的康复效果。

“家能走多远，我就飞多远。”家，如同一艘支持孩子走出孤独、走向康复的“航空母舰”。是父亲、是母亲，把握着孩子的航向；是父亲、是母亲，托起了孩子的未来。

一个母亲带着孩子转战南北，走完了形式训练的弯路，千辛万苦之后，感慨万分：“我现在明白了，靠谁都是一时的权宜之计，只有靠我自己才是根本之策，认识到这点我花了好几年的时间！”

将康复教育进行到底

○ 一个梦想的颠覆

当初，我们也是带着自己的梦想，带着一个普通人的人生追求，走进了婚姻，走进了家庭；当初，我们也是芸芸众生中的一分子，也曾满怀喜悦地去孕育未来，希望自己去完成传承生命、完善自我的过程。然而，“孤独症”三个字，却毫不留情地颠覆了我们的梦想，它让我们从最普通、最正常的父亲、母亲的队伍里出列了，孩子使我们自己也真正成了一个“有特殊需要”的群体。

于是，最初我们本能的反应就是求证：“孤独症的原因到底是什么？”“我为什么会生出一个孤独症孩子？”“我的孩子确实患有孤独症吗？”对孤独症成因的解释，依然是世界之谜。随着科学的进步，今天人们已经走过了对成因解释的蒙昧阶段，现在已经很少有人再为自己生了一个孤独症孩子而背负那些教养不当的罪责。然而，即便我们不得不接受与孤独症解释不清的天定缘分，内心深处的耿耿于怀、愤愤不平，始终无法将那些问题真正释怀。

如果说只有万分之一的可能让我们与一个特殊的孩子相逢，那么，一个特殊孩子的到来必将百分之百地改变我们的人生。“孤独症”的意外到来，让我们从对孩子的美好期待中惊醒，我们会怀着侥幸去反复验证：我的孩子真的是孤独症患者吗？因为，谁都知道，孤独症，那是一个家庭难以背负的沉重。即便我们心里很清楚，这种验证有时候是多余的。其实，当孩子的社会性发展障碍已经发生，重要的就已经不再是追究原因和名称，但对孤独症的恐惧，会让父母万分在意这个诊断，医生、专家的一个眼神、一句话，在父母的心理上都会有“扭转乾坤”的作用。可想而知，孤独症关系着孩子，关系着父母，关系着整个家庭的幸与不幸。

事实颠覆了我们的梦想，在残酷的事实面前，无论如何，所有的常规思维都无法再矫正我们的心理失衡，我们又该怎样使倾斜的心理获得新的平衡呢？

○ 重构人生坐标

我们接受了孤独症的真相，也就同时踏上了康复的征程。如何才能把康复进行到底呢？重新构建人生坐标，在新的坐标系里重新确认孩子、父母和人生的价值，让失衡的天平重建平衡，这是我们面对孤独症的第一个课题。

如果说孤独症是人类文明进化过程中遇到的不幸，那么必然有人会成为这一不幸的承担者，必然有人要为克服这一不幸而付出代价。孤独症患儿，一个个毫无过错的孩子，首先成了这一不幸的承担者，不管他们自已知与不知，他们的命运天生与众不同。

全世界调查孤独症发生率，统计比例显示有所不同，计算百分比的意义只是对于大众而言，对于孤独症儿童本身，它就是一生，就是全部，就是自始至终。如果一万个人中必然要有一个孤独症患者，那么任何一个孤独症孩子的确定诊断，就意味着另外九千九百九十九个孩子幸免于难。我们的孩子与众不同，不在于他们患有孤独症，在于他们为九千九百九十九人担负起了这一极大的不幸。疏远与歧视，不是因为患孤独症的孩子有什么过错，相反，那是因为世俗的眼睛还有待进化，他们还没有学会对“特殊需要的个体”正确地聚焦与成像。每一个理性的思想者都应该同情、感谢我们的孩子，因为如果不是我们的孩子遭遇了孤独症，那么，遭此不幸的就可能是我们孩子以外的任何一个生命。

当一个孤独症儿童成年以后，他会告诉我们，疾病带给孩子的是孩子自己无法言表的苦痛。当我们看到孩子种种异常的时候，当我们觉得自己的尊严被别人藐视的时候，当我们全力以赴训练孩子，当疲劳让我们觉得不堪重负的时候，我们会因此抱怨命运，进而迁怒孩子。我们站在孩子的角度想过吗？想想他们的无辜，想想他们和其他孩子一样小小的血肉之躯，却要踏上无比艰难而且旷日持久的训练路程，在孩子面前，我们除了多一份爱、多一份敬、多一份坚持下去的信心和勇气，还能有什么呢？

其实，当我们赋予孩子生命的时候，这个生命就蕴含了未来的多种可能，或许聪明健康，或许不尽如人意，不管两者比例如何，逻辑上任何一种可能的结果都是存在的，只是我们的感性排斥了后者。当可能变为现实以后，我们需要回归理性和逻辑，顺理成章地接受孩子的障碍。任何生命的到来都有风险，现代科学还不能让我们有效回避生命孕育过程中所有可能的风险。人类要繁衍，就要付出承担风险的代价，只不过承担孤独症的代价之高昂，超过了我们个体的支付能力。越是这样，越需要我们不但自己全力以赴，而且要用我们自己的努力推动全社会去接纳孤独症儿童。

孤独的孩子是我们血脉的延续，孤独的孩子更是独立的生命。不管他有多么不完美，他带着生命的尊严和我们不期而遇，于是，在荒漠上培植一片绿色，让那双空洞的眼睛闪烁出智慧与灵性，最大程度地开发孩子的社会性潜能，让这个生命不辜负“人”这个高贵的命名——我们肩负起了这个特殊的使命。因为孤独症，孩子与我们共生的时间也许很长，甚至长到走完我们自己的一生。我们赋予孩子生命，就等于赋予了自己一种责任。相反，孩子没义务为我们赢得荣誉，如果我们把这样一个功利的要求附加在孩子身上，那么，我们的心理天平必然要倾斜，甚至会崩溃。

是否生了一个孤独症孩子，并不标志着我们人生的成败，因为这不是由我们的主观意志所能决定的，并且它是一个具有偶然性的结果。一个孤独症孩子最终康复到什么程度，也不能完全作为肯定或者否定父母的标尺，因为决定康复效果的除了后天教育，还有先天障碍的程度。衡量我们人生的成败，是在孤独症面前我们的态度，是我们尽职尽责、尽心尽力的行为。物质的贫富不能比较，职务的大小不能比较，学历的高低不能比较，能力的大小不能比较，能比较的是我们肩负责任与使命的态度。“尽力做我应该做的，努力做我能够做的”“尽人事，由天命，成也然，不成也然”，孩子的转机恰恰就在父母的这种态度中。

虽然态度不是万能的，但没有这种态度是万万不能的！

那么，我们的价值在哪里？因为孩子的特殊，我们成了特殊的父母，理解我们自己特殊的人生，找到我们自己特殊的意义，我们需要在梦想颠覆以后构建自己特有的价值体系。

“价值”是“有用性”的代名词，人生价值，自然指的是人生的有用性，而这种有用性既指向社会、指向他人，同时也指向自己，构成了人的社会价值和自我价值。一个孤独症孩子的存在，本质上并没有减损我们个人的价值。相反，某种意义上他会提升我们的人生价值，因为我们的孩子比其他的孩子更需要我们，我们牺牲自己，为社会负担着本该由社会负担的开发孤独症儿童社会性潜能的责任。滴水成海，每一位父母的努力，都将为人类最终战胜孤独症做着宝贵的实践与认识的积累。况且我们大多继续担负着我们自己的社会角色，我们比别人更辛苦、更努力的生活或许不为人知，但我们自己知道，我们迎接着人类精神的最高挑战——战胜自我！

如果我们能够这样认识，那么我们就能理直气壮地昂起头来，捍卫自己的尊严，捍卫孩子的利益。

○ 赢得这场心理战

征服孤独症，如同一场旷日持久的战争，它需要时间、金钱、精力，需要正确的理念、思路、方法、技术，需要家庭全员配合，需要社会宽容与接纳……怎样才能将康复训练进行到底呢？孤独症是一种疾病，但征服孤独症首先不是经济战，也不是技术战、方法战，而是一场心理战！

孤独症发病率的上升趋势明显，还有很多孩子具有社会性发展障碍的某些表现，虽不是典型的孤独症，但也和普通儿童有着较明显的差别。在中国，这是一个庞大的群体，而这个群体的现实处境和未来发展，经过 30 多年的历程，我们大致已经可以看清。

如同一座金字塔，在塔的底层，数量最大，他们基本的特点是——有诊断无教育。大多数孩子有过诊断，或者未经诊断但是可以发现异常。最为遗憾的是，他们其中有的用过药物治疗，但是没有有系统、有计划、高强度、持续性的社会性康复干预措施，这部分孩子顺其自然地长大成人以后，其基本状态为原生态孤独症患者，可能基本没有社会性，最终会在“囚笼”里自生自灭。

往上走一层，较底层数量相对减少，他们的基本特点是——在训练中训练。很多家庭把康复看成教育机构的任务，看成老师应做的事情，父母不惜时间和精力南征北战，带着孩子跑遍训练机构，当孩子到了一定年龄以后，不得不返土归乡。在训练机构的干预下，孩子或多或少都会有进步，有的甚至一段时间内效果显著。遗憾的是，训练机构大多不能给孩子提供长期的社会性教育干预。训练机构是我们为孩子提供的保护区，这是一个人造的干预环境，任何干预的最终目的还是让孩子回归社会，将孩子在保护区里习得的本领变成在社会中生存的能力。如果家长没有能力在离开机构以后为孩子提供后续的教育和辅助，单单依靠在训练机构中的训练，对于孤独症的康复来说依然相差万里。没有生活中的训练，这部分孩子以后发生退化的可能性极大，甚至会倒退到童年接受训练以前的水平。

再往上一层，数量继续减少。他们的基本特点是——不但在机构中训练，而且持续在生活中教育。在与孤独症的交战中，几乎没有不犯错误的父母，但能否从错误中醒悟，什么时候醒悟，有很大差别。伴随着孩子在机构的训练，父母自身获得正确的理念与方法的武装，给孩子离开机构以后的社会性教育储备资源，这是最聪明的做法。某种意义上说，家长获得社会性的提升更为重要，因为没有父母，就没有孩子的可持续康复。如果一个孤独症儿童经过较好的前期训练，并且能将这种训练的成果延伸到生活中，能够在家庭中坚持社会性教育，不管这个孩子是否能在普通学校就读，成年以后，他们依然有望实现社会生活自理。我们期待这是大多数孩子的未来，当然它的前提是，父母坚持生活中的社会性教育。

金字塔的最上层数量最少。他们的特点是——既有机构的训练，同时又有长期不懈的生活中的社会性教育，再加上普通教育的完整过程。一个孤独症儿童如果经过这样全方位的、不间断的社会性教育，成年以后，其社会性会得到较好的发展，孤独症群体中为数不多的社会生活自立者，通常出自这个群体。

应该看到，这是自然生活中的辅助成长为主、机构训练为辅的组合形式，既利用了短期强化训练，也结合了家庭的长期教育，并经过了社会性教育主渠道的培养，在社会化过程的不同时期、不同方面，给孩子创造适合其发展的最好条件，其结果当然也应该是最理想的。

不能忽视这样一种情况：由于各种条件的局限，有些孤独症儿童没有经过特殊机构的训练，主要是在家庭中由父母或者爷爷奶奶进行教育。虽然这些家长没有接受系统化的孤独症康复方法的培训，但只要他们坚守教育的全方位、训练的长期性，康复与生活融为一体，让孩子在生活中解决实际问题，给孩子创造与普通儿童长期融合的环境，经过若干年的不断积累，孩子的社会性也会得到很好的发展，其康复前景是乐观的，很可能超过沉迷于机构形式训练的孩子。

可以看到，孤独症的康复将父母置于至关重要的地位，认识和把握康复规律，自觉按照规律设计康复教育的战略思路，并在实践中将康复教育进行到底，这首先是对父母心理的挑战。

靠药物，还是靠教育？教育训练的艰难，让我们在潜意识里本能地回避它。在特殊的心理背景下，家长又非常容易接受他人的心理暗示，在因果不明的情况下，对孩子施用药物或者器械干预，并且将孩子的改善归结为它们的作用。现代社会，随着孤独症发病率的上升，各种干预手段在不断翻新，如雾里看花，能否保持清醒的头脑，保持理性的辨别力，把握好康复的战略方向，对方法进行科学的识别，是对父母心理的一个极大挑战。

康复需要环境支持，能否坦然地面对环境的偏见，在世俗异样的眼光中为孩子争取到一片蓝天，也是对父母心理的挑战。训练孩子一天不难，训练一个月不难，训练一年也不算太难，难的是十几年如一日地坚持不懈，这更是对父母意志的考验。孤独症儿童的进步并非直线上升，而是呈现为螺旋式发展，进步中退步，退步后又进步，每一次退步都是对我们决心的考验，因为这是最容易放弃的时候。孩子学会一项技能，有时候需要千百次地重复，能否经受挫折和失败的打击，毫无疑问，更是对心理的考验。

我们与孤独症之间，根本的较量就是意志，就是一场心理战。谁战胜了自我，谁就有望战胜孤独症！

父母的自我拯救

情商价更高

“智商诚可贵，情商价更高。若要儿康复，两者都需要。”孤独症是特殊教育中的特殊教育，这一群体个体之间的差异之大，是任何障碍群体不能比的。孤独症障碍在个体身上表现之广泛，对患儿功能影响之特别，也是其他障碍无法比较的。康复历程之漫长与艰难，更是其特有的。它是疾病，但是却无药可医，虽然无药可医，却有教育可以拯救孩子。教育的过程挫折万千、山重水复，可是，又总有希望在前。征程上峰回路转，让我们期待着柳暗花明的那一天，在挫折与希望并行的康复道路上，带领孩子，带领我们自己走向成功的两个必备条件是智商与情商!

一个人的成就水平和什么因素有关系？当然，智力水平是基础。

特殊教育是一个专业，全世界都在研究孤独症的康复教育，但再好的方法，最主要的实施者是父母。“为了孩子再学一个专业”，学习这个专业的首先不是老师，而应该是父母自己。而专业的学习，依靠的是我们的智商。谁也不会提前做好专业准备，然后去迎接一个孤独症孩子的到来，父母都是在面对孤独症以后，开始学习拯救自己的孩子，正是随着孩子的进步，很多父母最后成了孤独症教育的专业工作者。

学好这个专业，其智力要求是：第一，接受能力。不管我们原来的专业是什么，面对孤独症，需要我们重新开辟一个新专业，要求家长在最短的时间内尽快接收新的信息、新的知识。第二，领悟能力。这就是我们通常说的

“悟性”。透彻地看到孤独症的真相，在方法的“迷魂阵”中抓住主线，领悟精髓，而不是学习皮毛，生搬硬套。第三，迁移能力。所有的方法都是一般性角度的概括，在结合自己孩子实际的时候，我们必须将“一般的方法”和“一个特殊的孩子”结合起来。他人的经验都是对“彼时彼地”的概括总结，而借鉴经验的前提是，从具体经验中抽象出一般道理，因为我们要解决的是“此时此地”的问题。第四，创新能力。无论什么方法，都不可能囊括孩子的一切问题，在无借鉴、无参考的时候，创新解决问题是经常的。有时候我们需要打破常规思维方式，从新的角度尝试解决孩子的各种问题。选择正确的战略方向，打赢一场又一场攻坚战，既要我们高瞻远瞩，也要脚踏实地，创造性地解决问题。

智商诚可贵，比智商重要的是情商。孤独症儿童不乏智商优秀的父母，但是，父母的聪明才智是否会淋漓尽致地用在孤独症儿童的社会性教育上呢？启动我们的智力活动，给智力活动把握方向，使智力活动坚持下去的是情商，这就是情商“价高”之所在。一个母亲说：“最难的不是我不会教，最难的是我坚持不下去。”大多数父母欠缺的不是智商，而是情商。

情商的特定含义是：人生价值观，面对挫折的态度，坚持下去的信心和勇气，控制情绪的能力，人际沟通能力，等等。

“为了孩子我放弃了工作，为了孩子我离开了朋友，我甚至很少去商场，孩子成了我生活中的一切，孩子改变了我的一切，全家人都不理解我，更不能配合，老公也……我觉得我要累死了，我活得没有自我，没有尊严。”这是很多孤独症孩子的母亲生活的真实写照。怎样看待自己的价值，怎样看待孩子的价值，在自我与孩子的康复出现矛盾的时候，如何平衡、如何取舍，怎样去接受一个不完美的孩子……孤独症儿童的康复没有教育万万不能，教育者需要时间、财力和精力的高额投入，但教育并不是万能的，当我们投入以后，孩子可能并没有取得我们理想中的结果，这时我们是否选择继续进行教育投入呢？

急功近利、希求捷径，不管我们的心愿多么可以被理解，这也是不符合孤独症教育的客观规律的。孤独症儿童的教育过程充满挫折与磨难，经常会考验我们耐受挫折的心理极限，甚至将我们置于生死抉择的边缘。怎样才能穿越绝望峡谷，怎样才能走出心理黑洞，这就需要我们以超越常人的豁达与乐观来应对，不但要热爱自己的生活，还要补偿孩子的情商空白。我们有足够的勇气面对现实、迎接未来吗？

同是肉眼凡胎，都有七情六欲。一方面孤独症儿童的康复教育需要我们给孩子更多的宽容与爱、更多的赏识与接纳，另一方面孤独症障碍本身会毫不留情地将我们不愿意看到的种种现象展现在我们面前，动摇我们的信心、折磨我们的情感。我们必须平息自己情绪的惊涛骇浪，让孩子看到我们和颜悦色的脸庞，我们必须在自己心理世界的调色板上实现红与黑的协调，我们必须在理性与情感的强烈冲撞中实现自己、孩子和家庭的生存与发展。我们有健全的自我调节功能吗？

……

我们会有种种人性的弱点，但是当面对孤独症孩子的时候，要战胜人性中的弱点，平凡的父母就要担负起不平凡的使命。出色的情商，是我们战胜孤独症最宝贵的财富！

山不过来，我就过去

要拯救孩子，先拯救自己。孤独症给父母、给家庭带来的困难，无论怎样形容都不过分。在孤独症面前，人的主观能动性必然要受到客观规律的局限。孩子确有康复潜能，这让我们可以有所作为。但是，有的问题我们竭尽全力仍无法撼动，认知、尊重孤独症的客观真相，就成了我们自己重要的调节手段了。

挫折面前，就算我们以积极的态度去改变现实，也不见得努力以后就能如愿以偿。在孤独症这种沉重如山的顽症面前，当我们确实无法改变现实的时候，另外一个重要的思路就是改变自己，适应现实。

情绪并不直接来自客观事物本身，在客观事物与主观感受之间，有一个重要的中介，那就是我们对事物的价值评价。就像老虎并不必然引起人们的恐惧，只有当我们认为老虎会伤害我们的时候，才让我们惶恐万分。“初生牛犊不怕虎”，正是因为其错误认知，才造成该怕的没有怕。而我们对孤独症的恐惧，也是很多错误认知造成我们对不该怕的反而怕了。所以，调节我们的情绪需要调节我们看问题的角度。

如果杯子里有半杯水，我们会说什么呢？或者说“杯子的一半是空的”，或者说“杯子的一半是满的”。

兄弟两人去同一个公园，回来以后，向父母诉说他们的感受。哥哥说：“那可是一个好地方，连荆棘的上面都有花！”弟弟说：“那可真是一个鬼地方，花的下面还有荆棘。”

这一生，也许我们只有这半杯水，但这半杯水一样可以滋养我们的生命，让我们体会为人父母的酸甜苦辣。这半杯水，让我们更加懂得了可贵，懂得了珍惜，懂得了责任与使命。孤独症带给我们苦不堪言的折磨，但同时也带给我们永不放弃的追求，因为在我们历数孤独症的种种障碍之后，最后握在我们手里的希望就是“社会性教育”！

与一个孤独症孩子偶然相逢，会让我们生活的旅程荆棘丛生，让我们脚下的每一寸都步履维艰。当我们将自己带血的足迹留在大地上的时候，我们企盼的是父母的热血终有一日会融化孩子心中的冷漠与孤独！

令人欣慰的是，中国有一大批坚强不屈的父母，已经看到了荆棘之上，孩子的生命正绽放出独具特色的心灵之花——一个又一个患孤独症的孩子，作为普通教育中的特殊学生，一步一步攀上社会性康复的新台阶！

我们梦中的“神童”没有了，而且我们连一个普通的、健全的孩子也没有了，所有的奋斗就是为了“希望他能像正常孩子一样”。降低目标，合理期待，是我们给自己的定位，更应该是我们教会孩子的一种思维方式。

有这样一个经典故事，一位大师用几十年练就了一身“移山大法”，然而故事的结局耐人寻味——世上本没有什么移山之术，唯一能移动山的方法就是“山不过来，我就过去”。

的确，一个孤独症孩子的降临，使父母陷入困境，使家庭遭遇重创，使婚姻面临考验，使生活改变颜色……

但，也许，一个孤独症孩子的降临，会让父母更加坚忍不拔，会让家庭更加牢不可摧，会让夫妻同船共渡，会让生活更具别样风采……

无论如何，孤独症会让我们这些平凡的父亲母亲，写出不一样的生命故事！